U0628886

寻觅与发现：
房龙的环球考察记

Van Loon's Geography

〔美〕亨德里克·威廉·房龙◎著

贺五一◎译

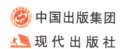

中国出版集团

现代出版社

图书在版编目（ＣＩＰ）数据

寻觅与发现 : 房龙的环球考察记 / (美) 房龙著 ;
贺五一　黄燕译 . -- 北京 : 现代出版社 , 2016.3（2023.9 重印）
（房龙真知灼见系列）
ISBN 978-7-5143-4530-8

Ⅰ . ①寻… Ⅱ . ①房… ②贺… ③黄… Ⅲ . ①世界—概况—
青少年读物 Ⅳ . ① K91-49

中国版本图书馆 CIP 数据核字 (2016) 第 024183 号

寻觅与发现 ： 房龙的环球考察记

著　　者	（美）亨德里克·威廉·房龙	
译　　者	贺五一　黄　燕	
责任编辑	周显亮　哈曼	
出版发行	现代出版社	
地　　址	北京市安定门外安华里 504 号	
邮政编码	100011	
电　　话	010-64267325　010-64245264（传真）	
网　　址	www.1980xd.com	
电子信箱	xiandai@vip.sina.com	
印　　刷	永清县晔盛亚胶印有限公司	
开　　本	700mm×1000mm　1／16	
印　　张	10	
版　　次	2016 年 4 月第 1 版	
印　　次	2023 年 9 月第 5 次印刷	
书　　号	ISBN 978-7-5143-4530-8	
定　　价	58.00 元	

版权所有，翻印必究；未经许可，不得转载

目录

目录

寻觅与发现：
房龙的环球考察记

01 拥有地利之便的意大利

从地理上说，意大利是一片巨大高原留下的遗迹，这个高原先是像现代西班牙那样呈方形，但是又慢慢萎缩，最后消失在地中海的海水中。只有这个古老高原最东端的部分，今天还清晰可见，它就是亚平宁山脉，该山脉从波河流域延伸到位于这个靴子足尖位置的卡拉布里亚区。

厄尔巴岛、撒丁岛也是那个史前高原的遗迹。当然，还有西西里岛。在第勒尼安海各处的小岛就是古老山峰的化身。当所有的陆地被海水吞没时，那幅场面一定是可怕的。但是，由于事情发生在2000万年以前，当时地球正遭遇最后一轮强烈的、连续不断的火山爆发，无人在场，因而也就没有人能讲述这个故事。最终人们发现，这对那些后来居住在亚平宁半岛的人来说是具有很大的好处的，因为这给予了他们一个在气候、土壤和地理位置这些自然条件方面都非常优越的国家，这个国家似乎注定要成为古代霸权国家，并成为发展、传播艺术和知识的最重要因素之一。

意大利可以扮演双重角色：统治地中海的海上国家和征服剥削欧洲其他国家的陆上强国。

当地中海不再是一个世界性的海洋，美洲的发现使大西洋成为商业和文明的中心时，意大利就失去了它先前的优势。由于没有煤和铁，它不能指望和西方主工业国家展开竞争。然而，在从公元前753年罗马的建立到公元4世纪这差不多1200年的时间里，意大利统治并掌管着易北河和多瑙河以南的欧洲各个地区。

意大利靠幸运的地质突变而征服了全部的已知世界。但是，这个突变本身就让它不可避免地背上了某种严重缺陷。一个在火山喷发中诞生的国家始终处于被生育它的母亲扼杀的威胁之中。因为意大利不仅是一块拥有月光照耀下的遗迹、橘子树、曼陀林音乐会以及风景如画的农场的古典土地，而且是火山喷发的古典土地。

每个满70岁的意大利人在他被虔诚地运到坟场里的家族坟墓前，他肯定积极地参与了至少一次大的地震和几次小的地震的救援工作。地震仪报告仅1905—1907年就发生了300次地震。第二年，即1908年，墨西拿完全被毁了。如果你想要几个至关重要的统计数据，那么，这里就是位于卡普里岛对面的伊斯基亚岛的记录。

这个岛屿独自经历的地震年份有：1228年、1302年、1762年、1796年、1805年、1812年、1827年、1828年、1834年、1841年、1851

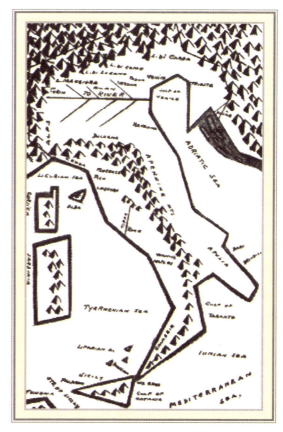

意大利可以扮演双重角色：统治地中海的海上国家和征服剥削欧洲其他国家的陆上强国。

3

年、1852年、1863年、1864年、1867年、1874年、1875年、1880年、1881年、1883年，等等。

这几百万年的地震爆发的结果是大片大片的意大利陆地逐渐被一层层厚厚的凝灰岩所覆盖，凝灰岩是一种在火山处于剧烈爆发状态时由火山口抛出的火山灰形成的软的岩石。一层层的凝灰岩渗透力强，它们对整个半岛的地形具有决定性的影响。一些凝灰岩地区的面积不少于4000平方英里，罗马古老的七丘实际上就是一堆堆变硬了的火山灰。

但是，还有其他的地质变化也同样是由于史前的突变而引起的，这些变化使意大利的土壤变得非常危险莫测。

当你访问意大利时，你会为其许多城市坐落在高山顶上而感到惊讶。通常的解释是，最初的居民为了安全起见逃到这些鹰巢里。然而，这只是次要的原因。当他们远离山谷的人行道和交通要道，搬迁到这些令人感到不舒服的顶峰时，他们这样做的最初目的是为了避免滑坡造成的死亡危险。在诸多山顶的附近，古老地质结构中的底层岩石常常露出了表面，并给将来的居民提供了永久的住处。山的侧面覆盖着滑腻腻的石灰石，它们像流沙一样不稳固。因此，那些村庄从远处看起来风景如画，然而一旦住进去之后就发现它们是多么难以置信的不舒适。

这就使我们想到了现代意大利。和希腊不同的是，意大利并未江河日下。在1870年，意大利又一次成为一个统一的国家，一旦独立战争结束，外国统治者被逐回阿尔卑斯山的另一边，意大利人就开始宏大的、近乎毫无希望的工作——从头收拾旧山河。

意大利北部所有的湖泊都是冰碛湖。当人类出现在那里并开始实行灌溉时，这些冰碛湖就起了便利的水库的作用。因为在春天，当雪开始融化时，它们就吸收多余的水，如果这些水以一种固体形式落在山谷中的话，那么它将导致极具破坏性的洪水。加尔达湖能够上升12英尺（1英尺=0.3048米），而马焦雷湖能上升15英尺，而且仍然能吸收多余的水。一个简单的水闸装置将会处理其余的事情，并根据每天的需要吸取这些湖中的水。

在很早的时候，波河大平原上的居民就开始利用这个有利的环境。整个平原人口密集，这毫不奇怪。然而，最初的城市建造者将城市建在远离河流的安全地带。他们的工程技术还不够先进，他们还不能建造稳固的堤坝，而且，他们害怕每年春季洪水过后都会出现沼泽。都灵是唯一直接建在波河上的重要城市，它曾是萨伏伊家族从前的住所，现在它掌管着整个意大利，是通向法国和瑞士的关口的联结点。但是，都灵的地势很高，不用担心被河水淹没。至于其他城市，米兰是伦巴第地区的首府，也是5个重要的贸易通道的交汇点，它位于波河与阿尔卑斯山之间的中间处。维罗纳是勃伦纳山口的最后一站，也是连接德国和意大利的最古老的通道之一，它坐落在阿尔卑斯山脚下。克雷默那位于波河上，它因是提琴制作世家史特拉底瓦里、瓜奈里以及阿玛蒂家族的故乡而出名；然而，帕多瓦和摩德纳，费拉拉和博洛尼亚（欧洲最古老的大学的所在地）都在远离波河的安全地带，而它们又依靠这条大动脉来发财致富。

威尼斯和拉韦纳这两座古代世界最具有传奇色彩的城市也是这样。在威尼斯城中有总长28英里的157条运河作为街道使用。它起初是一些难民的庇护所，在蛮族大迁移带来的恐惧中，这些人认为自己在大陆不安全，他们宁愿选择波河和其他几条小河冲击所形成的泥泞河岸定居。

另一座城市拉韦纳也是波河泥巴的产物。今天，它是一座内陆城市，一片6英里长的泥沙将它与亚得里亚海隔开。在15世纪时，它比纽约还重要，因为它是罗马帝国的首都——在那里驻扎了庞大的军队，并且它是当时主要的海军基地，拥有最大的码头和最大的木材供应量。

404年，罗马皇帝认为罗马不再是安全的，蛮族人变得太强大了。于

　　意大利靠幸运的地质突变而征服了全部的已知世界。但是，这个突变本身就让它不可避免地背上了某种严重缺陷。一个在火山喷发中诞生的国家始终处于被生育它的母亲扼杀的威胁之中。因为意大利不仅是一块拥有月光照耀下的遗迹、橘子树、曼陀林音乐会以及风景如画的农场的古典的土地，而且是火山喷发的古典土地。

是，他就搬迁到"海中城市"，在那里，他能够更好地保护自己以防止突然袭击。

　　后来，拉韦纳被哥特人占领，成为他们新帝国的首都。接着，环礁湖被填平，然后，威尼斯和教皇对它展开了争夺。再后来，它曾一度成为可怜的被流放人的家园，这个被流放人为他的故乡佛罗伦萨效劳，所得到的报偿却是面临在火刑柱被烧死的威胁。他在城市周围的那些著名的松树林中打发着寂静的日子。后来，他被安葬在这里。不久以后，这座故都也像他一样灰飞烟灭了。

再说说意大利北部的情况。那个地区不产煤，但是却有无穷无尽的水力资源。这种水力资源在第一次世界大战爆发时才开始得到利用。

在西边，利古里亚阿尔卑斯山将波河大平原与地中海隔开，利古里亚阿尔卑斯山是阿尔卑斯山脉和亚平宁山脉的连接点。来自北方的冷风完全受到了阻挡，于是，利古里亚阿尔卑斯山的南坡就成了著名的里维埃拉的一部分。

热那亚的南面是另一个小平原，即阿尔诺河平原。阿尔诺河发源于离佛罗伦萨东北约25英里的山脉，流经这个城市的中部。在中世纪时，佛罗伦萨位于连接基督教的中心罗马和欧洲其他地区的大道上，并且通过巧妙地利用这种有利的商业位置，不久就成为世界上最重要的银行业中心。特别是有一个家族，即美第奇家族（他们最初的职业是医生，因此，他们的盾徽上有3颗药丸的图案，这3颗药丸图案变成了当铺的3颗金球的图案），在这方面表现出了杰出的天赋，他们最后成为整个托斯卡纳地区世袭的统治者，并使他们的家乡成为15世纪和16世纪最了不起的艺术中心。

从1865年到1871年，佛罗伦萨是新意大利王国的首都。后来，其重要性稍稍有所下降，但是，它仍然是一个人们应该去看一看的地方，以体味在金钱和好品位二者恰好都拥有时生活的美好。

阿尔诺河穿过一个非常漂亮的园艺场，这个园艺场是爪哇岛以外的任何地方都找不到的。比萨有一座斜塔，它之所以倾斜，是因为建筑师在打地基时不够仔细，然而，它在伽利略研究下落物体的特性过程中却被证明是非常有用的。另一座城市是里窝那，由于某个奇怪的原因，我们叫它莱戈恩，它作为一个城市之所以被人们记住，主要是因为1822年雪莱就是在这个城市附近被淹死的。

从里窝那往南行，古老的马车道与现代铁路沿着海岸并行延伸。它们让旅客能够快速浏览厄尔巴岛的景致，但只能有一个模模糊糊的印象，接着，就进入了台伯河平原。这条在意大利被称为特韦雷河的著名的河流流速缓慢，颜色呈黄褐色。它发源于萨宾山脉，早期的罗马人就是在去萨宾山抢婚的。

在1870年，意大利又一次成为一个统一的国家，一旦独立战争结束，外国统治者被逐回阿尔卑斯山的另一边，意大利人就开始宏大的、近乎毫无希望的工作——从头收拾旧山河。

在罗马时代，坎帕尼亚这个著名的平坦地区有良好的排水设施，人口众多。但是，由于它地处空旷地带，第勒尼安海沿岸又没有保护屏障，因此，它是海盗袭击的理想之地，自从罗马警察撤走之后，整个地中海就有大批海盗出没。在整个中世纪，甚至是晚至30年以前，对于从台伯河口到奇尔切奥山附近的彭甸沼泽地的整个这一地区，人们不是避而远之，就是快马加鞭，让可怜的马儿拖着嘎吱嘎吱作响的马车尽快通过。

罗马就建在它当初建立时的那个地方，建立时根本没考虑到恶劣的气候，酷热的夏季、寒冷的冬季以及没有便利的交通这样一些问题。然而，它却成为世界性帝国的中心，成为世界性宗教的神圣朝拜地。在这种情况下，就不能只找一种解释了，而要寻找1000种不同的且相互关联的解释。但是，不要在这里找，因为那将需要写多达3本像目前这本书那样的书，才能揭开谜底。

现代的罗马城几乎没有什么工业。它有一些模样怪异的纪念碑，还有一条大街，这条大街使人想起费城以及许多穿制服的人。这些制服很好看。

让我们去看看另一座城市，那不勒斯。

那不勒斯正好位于一条壮丽的海湾前部的海滨地带，它比罗马更古老，它周围的地区最初是意大利西岸最富饶的地区。当罗马还是一个由牧羊人居住的小村庄时，那不勒斯已经是繁荣的商业中心了，而那些牧羊人在管理方面一定真正有天赋。因为在公元前4世纪时，那不勒斯是罗马的"同盟者"，这是一个听起来非常顺耳的词汇，远没有"臣服者"这个词那么刺耳，然而所表述的是同样的关系。从那时起，那不勒斯就扮演着次要的角色，后来被一群群的蛮族人所侵占，最后落入一支西班牙波旁家族的手中，这个家族的统治成为了臭名昭著的滥政以及对各种形式的独立思想和行动进行镇压的代名词。

然而，这个城市的这种自然优势使它成为欧洲大陆最拥挤的城市。没有人知道，也没有人关心这些人是怎么生活的，直到1884年的霍乱流行才迫使这个现代王国清扫房子，他们是用高超的智慧和严肃认真的态度来做这件事的。

这个不同寻常的城市的背景中还有适当的空间留给了维苏威火山来装点。维苏威火山是所有已知的火山中火山灰喷发得最均匀最有规律的火山。它高约4000英尺，四周都是秀丽的小村庄，这些小村庄生产一种特殊的烈性酒，这就是著名的基督眼泪酒。这些村庄的祖先们在罗马时代就已经存在了，为什么不呢？维苏威火山已经熄灭了。在人们的记忆中，这座火山差不多有1000年都没有爆发了。在公元63年，在地球内部曾经发出过含糊不清的隆隆声，但是，对像意大利这样的国家来说，这算不了什么。

16年后发生了举世震惊的事情。在不到两天的时间里，赫库兰尼姆和庞贝以及另一个小城市被深深地埋在一层层厚厚的熔岩和火山灰下面，它们完全从地面上消失了。从那以后，至少每隔100年，维苏威火山都会显示出远没有熄灭的迹象。新的火山口在原来废墟的基础上上升了1500英尺，它总是喷吐出浓浓的烟雾。最近300年的统计资料——1631年、1712年、1737年、1754年、1779年、1794年、1806年、1831年、1855年、1872年、1906年，等等——显示那不勒斯绝不能保证不会成为另一个庞贝城。

从那不勒斯往南，我们就进入了一个被称为卡拉布里亚的区。它离国家的中心太远，这使它吃亏不少。它有连通北部的铁路，然而，沿海地区却受疟疾的困扰，中部地区由花岗岩构成，农业生产还是第一个罗马共和国时期的水平。

狭窄的墨西拿海峡将卡拉布里亚区与西西里岛隔开，这个宽度只有1英里（1英里=1.609344千米）多一点的海峡在古代时因两个旋涡而出名，这两个旋涡分别叫希拉和卡律布狄斯。据说，船只要是胆敢越出航线半码，这两个旋涡就会将它们全部吞没。这些旋涡所引发的恐惧足以使我们了解古代的船只是多么无能为力，因为现代机动船轻松地就能通过这些漩涡的中心，根本不会注意到水中还有什么动静。

就西西里岛来说，其地理位置很自然地使它成为古代世界的中心。然而，当他们摆脱了腓尼基人、希腊人、迦太基人（他们离非洲北岸只有约100英里）、汪达尔人、哥特人、阿拉伯人、诺曼人、法国人，或者从这块乐土上获得他们头衔的120位王子、82位公爵、129位侯爵、28位伯爵和356位男爵的劫掠和折磨后，他们就开始修整遭到当地的埃特纳火山破坏的家园。让每个人记忆犹新的一次喷发是在1908年，那次喷发完全摧毁了最重要的城市墨西拿，7.5万人死于非命。

马耳他岛是西西里岛真正的水上郊区。它是一个非常富饶的岛屿，位于西西里岛和非洲海岸的中间。它控制着从欧洲经由苏伊士运河到亚洲的商路。1798年，拿破仑在经由埃及和阿拉伯半岛将英国人赶出印度的过程中攻占了该岛。这也就成了两年后英国人占领该岛的借口，而且从那以后他们一直占据着，这让意大利人懊恼不已，但马耳他倒觉得没什么，总的来说，如果他们由自己人组成的政府来管理的话，他们的日子就没有现在这么好了。

我对意大利东岸地区谈得很少，它并不是十分重要。首先，亚平宁山脉差不多延伸到了滨海地区，使得在那里建立大型的居民区十分困难。由于亚得里亚海的另一边是悬崖峭壁，因此这里实际上是无人居住区，贸易的发展也没有得到促进。从北面的里米尼到南面的布林迪西（邮件就是从那里发往非洲和印度的），没有什么重要的港口。

靴子的跟部叫阿普利亚区。像卡拉布里亚区一样，这个地区也由于远离文明地区而受到了损失，而且，像卡拉布里亚区一样，这个地区的农业经营方式仍然是汉尼拔光临这个地区时所采用的经营方式。当年，汉尼拔等待迦太基的援助等了长达12年时间，然而援助始终没有到来。

在阿普利亚区有一座城市，它拥有一个世界上最优良的天然港口，可是，唉，这个港口却没有顾客。这个城市叫塔兰托，并且它把它的名字赋予了一种特别毒的蜘蛛，还赋予了一种舞蹈，那些被这种蜘蛛咬过的人通过跳这种舞蹈，可以不至于入睡和处于致命的昏迷状态。

第一次世界大战使地理变得非常复杂，因为如果不提及一下伊斯特拉半岛，那么对现代意大利的描述就是不完整的。之所以把伊斯特拉半岛给意大利人，就是为了认可他们反叛自己的同盟国而和敌人站在一起的做法。的里

意大利南北
方的对比

雅斯特城是古代奥匈帝国的主要出口港。由于失去了天然的内地的支撑，它的港口贸易也做得不怎么好。最后，隐藏在瓜尔内罗湾远端的是阜姆，它是哈布斯堡王室以前的另一处财产。德国人在整个亚得里亚海沿岸没有其他好的港口，那么它就是德国人天然的出口。由于担心它最终可能会成为的里雅斯特的对手，于是，意大利人吵着要求得到阜姆。当缔结《凡尔赛条约》的政治家们拒绝将它转给他们时，他们就占领了它，或者确切地说，他们既是个优秀的作家同时也是个大流氓的诗人邓南遮为他们夺取了它。后来，协约国将它变成了一个"自由州"，但是最后，意大利和南斯拉夫经过长期的谈判后，它被割让给了意大利。

除了撒丁岛以外，本章的内容就讲完了。撒丁岛确实是一个非常大的岛屿，但是，它太远了，因此很少有人曾经到过那里，以至于我们有时忘记了它的存在。然而，它确实存在，这个欧洲的第六大岛屿，面积差不多有1万平方英里。撒丁岛是史前高原的另一端，亚平宁山脉也是这个史前高原的一部分，因此，撒丁岛是背对着它的母国；它的西岸有优良的港口，东岸则地势险峻，没有一处地方便于登岸。在过去的两个世纪里，它在意大利的历史中扮演着奇怪的角色。直到1708年时它都是属于西班牙，后来，它又落入奥地利人的手中。1720年，奥地利人用撒丁岛换取西西里岛，西西里岛当时属于萨伏伊公爵所有，萨伏伊公爵的首都是位于波河地区的都灵城。此后，萨伏伊公爵就自豪地称他们自己是撒丁岛的国王（从公爵到国王是往上升的决定性一步），现代意大利王国就是这样在一个以岛屿命名的王国基础上发展起来的，而在10万个意大利人中最多只有一个看到过这个岛屿。

02 演奏吉他和响板
与众不同的国度

西班牙人总是给其他地方的人一种截然不同的感觉，以至于在任何地方、在任何情况下都可以通过他的傲慢、他的彬彬有礼、他的骄傲自大、他的持重冷静以及他演奏吉他和响板的能力将他辨认出来。也许通过其傲慢和骄傲自大的神态来辨认西班牙人同通过其演奏吉他和响板来辨认一样容易。但是，我对这个论题深表怀疑。

西班牙人只是喜欢演奏吉他和响板而已，因为在他们的干燥而温暖的气候环境下，他们可以在户外演奏乐器。然而，要是气候条件允许，那么美国人和德国人的水平都将远在西班牙人之上。如果说他们演奏这些乐器不如西班牙人那么频繁的话，那是因为他们所生活的气候条件造成的结果。在寒冷的柏林，在夜晚外面下着倾盆大雨的情况下，你是不能很好地演奏响板的；当你的手指因霜冻而发抖时，你也是不能演奏好吉他的。至于骄傲自大、傲慢、彬彬有礼这样一些品质，这难道不是他们几个世纪以来艰苦的军事训练的结果吗？而这种军事化的生活难道不是由从地理上说西班牙既是非洲的一部分也是欧洲的一部分这个原因所直接造成的吗？难道它就不会因此成为欧洲人和非洲人一决高下的战场？最终西班牙人还是胜利了，但是，他们被迫长期为之战斗的这块土地也给他们留下了印迹。

如果西班牙人的发源地是在哥本哈根或者伯尔尼，那么他们又会发展成什么样子呢？会成为一个很普通的丹麦人或者瑞士人。他们会交替用真假嗓音唱歌，而不是演奏响板，因为山谷中的峭壁以及其产生的美妙回声会吸引他们交替用真假两种嗓音唱歌。他们不吃小干面包，不饮发酵葡萄酒，在他们那疏于照看的土地上（之所以疏于照看又是因为非洲和欧洲之间的冲突）种植这些东西需要操很多心，需要很大的耐性，他们会吃大量的黄油，这是驱除身体里因气候带来的湿气所必要的。他们还会喝蒸馏酒，因为大量的廉价谷物的出现使蒸馏酒几乎成了必不可少的全国性饮品。

▲ 西班牙峡谷

现在让我们看看地图。你还记得希腊和意大利的山脉吧？在希腊，山脉斜穿过全国。在意大利，山脉从北到南几乎走的是直线，将国家分成两半。

在西班牙，山脉的山脊呈水平状，这些山脉中头一个就是比利牛斯山脉。

比利牛斯山脉长240英里，呈连绵不断的直线从大西洋延伸到地中海。比利牛斯山脉只有60英里宽，它的隘口非常陡峭，除了山羊或者骡子能过之外，任何人都难以通行。据经验丰富的旅行者介绍，即使是骡子通行时也有困难。训练有素的登山者（大多数是职业走私犯）能够通过，但是只能在夏季的那几个月内才能通过。

在西部有一个很容易通过的山口，这就是著名的伦塞斯瓦列斯山口，罗兰这个查理曼大帝的著名骑士就死在那里，他是在撒拉逊人的最后一次进攻中死的。700年以后，另一支由法国人组成的军队曾取道这个山口进入西班牙。他们通过了这个山口，但是却被挡在了潘普洛纳城外，该城市控制着南部的通道。在围困期间，一个名叫伊格内修斯·德·洛约拉的西班牙士兵腿部受了严重的枪伤。在养伤期间，他萌发了一些幻觉，这些幻觉促使他创立了基督教团体，这就是著名的耶稣会。

后来，在影响很多国家的地理变化方面，耶稣会会士们所做的工作比任何其他的宗教组织都要多，甚至比那些不知疲倦的旅行者圣方济会的修士们所做的工作还要多。他们就是在这里开始捍卫这个通过比利牛斯山脉中部的唯一通道的。

毫无疑问，就是由于比利牛斯山脉的这种难以逾越，使著名的巴斯克人有机会从史前时代一直到今天都保持着自立；同时也是把国家建在山脉东部的非常高的高地上的安道尔共和国能够获得独立的原因。巴斯克人有约70万，他们居住在一个三角地带，北部是比斯开湾，东邻西班牙的纳瓦拉省，而其西部边界线是一条沿着从桑坦德到埃布罗河畔的洛格罗尼奥的线。巴斯克这个名字和我们的单词"吹牛的人"的意思是一样的，但它与著名的达达尼昂队长的好朋友没有关系。罗马征服者称他们是伊比利亚人，称整个西班牙为伊比利亚半岛。至于巴斯克人自己，他们自豪地说，他们是埃斯卡尔杜纳克人，这个名字听起来很不像是欧洲人的名字，倒很像是爱斯基摩人的名字。

这里仅做一点额外的补充，由于你的推测可能会和我的推测一样正确，因此这里介绍几种流行的关于巴斯克人起源的理论。一些教授通过研究头盖骨和喉音来探求人种理论，他们认为它们与那些我在前面的章节中所提到的柏柏尔人有关，柏柏尔人可能是史前欧洲人中最早的一个部落的后裔，史前欧洲人就是所谓的克鲁马努人种。其他的人则声称他们是在具有传奇色彩的亚特兰蒂斯岛被大海淹没之后在欧洲大陆上通过自救而生存下来的人。还有一些人认为他们一直都住在他们现在住的地方，不要费神去问他们来自哪里。不管真相如何，巴斯克人都表现出了将他们自己与其余的世界隔离的非凡的能力。他们非常勤奋。他们中有10万多人已经移民到南美洲，他们成为出色的渔夫、水手和制铁工人，他们关注自己的事情，从不登上报纸的头版头条。

他们国家中最重要的城市是维多利亚，该城市是6世纪时由一个哥特国王建立的，并且是一次著名的战争的战场。在这次战争中，一个名叫亚瑟·韦尔兹利的爱尔兰人打败了一个名叫波拿巴的科西嘉将军的军队，并迫使后者永远地离开了西班牙。亚瑟·韦尔兹利更让人熟知的是他的英国头衔惠灵顿公爵，而波拿巴更让人熟知的是他的法国头衔拿破仑皇帝。

至于安道尔这个至少有5000居民的奇怪的共和国，通过一条骑马专用道与外部世界发生联系，它是那些奇怪的中世纪小公国中唯一幸存下来的标本，这些小公国之所以能保持独立，是因为作为边境的哨所，它们可以为某个远方的君主提供宝贵的服务。后来，由于它们离繁忙的外部世界太远以至于没有引起任何人的注意。

这个国家的首都有600居民，但是，安道尔人像冰岛人以及意大利的圣马利诺人那样，在我们开始进行实用民主实验前至少800年，他们就按照他们自己的意愿进行自我的管理。作为远古时代的姊妹共和国，安道尔至少应该得到我们的敬意。800年是一段很长的时期，到2732年时我们又将会在哪里呢？

在另一方面，比利牛斯山脉与阿尔卑斯山有很大的不同，它们实际上没有冰川。从前，它们上面所覆盖的雪和冰比瑞士的山脉可能都要厚，然而，所遗留下来的只有几平方英里的冰川。所有的西班牙山脉实际上也都是如此。它们陡峭，难以通行。但是，即使是在内华达山脉这个南安达卢西亚的山脉，也只能从10月到次年3月间（如果有那么长时间的话）在几个山头上看到积雪。

当然，山的走向对西班牙的河流产生了直接影响。西班牙的河流发源地都在中部贫瘠的高原或者靠近那里。夏季长时间的干旱使它们的水量减少了许多，这一点你可以在马德里看到。在马德里，曼萨纳雷斯河的沙子覆盖的河底一年中至少有5个月为首都的孩子们提供了很好的类似海滩的场所。

这就是为什么我不想诉你大多数河流的名字的原因。塔霍河则是一个例外，葡萄牙首都里斯本就位于在这条河的河畔，这条河可通航的长度几乎与西班牙和葡萄牙之间的边界长度一样长。西班牙北部的埃布罗河流经纳瓦拉和加泰罗尼亚，它也可以用于小型船只的通航，但是大型船只的大部分路程只能走与该河流平行的运河。瓜达尔基维尔河（荒野中的大河）将塞维利亚与大西洋连接起来，它只能用于吃水小于15英尺的船只通航。在塞维利亚和科尔多瓦之间的瓜达尔基维尔河只能用于小型船只通航，科尔多瓦，曾是著名的摩尔人的首都，在基督徒占领它之前，它曾经引以为自豪的是它有多达900个公共澡堂，被基督徒攻占之后，其人口从20万减少到5万，公共澡堂从900个减少到0。过了科尔多瓦之后，瓜达尔基维尔河变成了像大多数西班牙河流那样的峡谷河流（就像我们的科罗拉多河那样），它对陆上贸易构成了巨大的障碍，而对河流沿线的商业实际上也没有多大价值。

因此，一般来说，自然界对西班牙并不是特别友善。这个国家中部的大部分地区是由一个高原构成，这个高原被一个低矮的山脊分成两半。老卡斯蒂利亚是北半部的名称，而新卡斯蒂利亚则是另一半的名称。分水岭的名称叫瓜达拉玛山脉。

卡斯提尔这个名字仅仅表示是"城堡"的意思，那是一个非常美的名字。但是，它像那些装西班牙雪茄的盒子，这些雪茄盒子的标签比其所装雪茄的质量更让人难以忘记。由于卡斯提尔同可以找到的任何其他地方一样，是一块荒芜且样子很难看的土地，因此，当谢尔曼将军率军通过佐治亚州后说过这样的话：从此以后，想飞过夏南多山谷的乌鸦将不得不携带些食物了。他有意或者无意地引述了2000年前罗马人所说过的一句话，当时罗马人说，夜莺如果想飞过卡斯提尔，就不得不随身携带上食物和饮料，不然的话，它就会饿死或者渴死。因为这个高原周围的山脉非常高，将从大西洋和地中海上升起的云层也挡住了，不让这些云层进入这个不幸的高原。

结果，卡斯提尔有9个月时间是处于火海般的煎熬之中，而在一年的另外3个月里，它又遭受寒冷和干燥的风的蹂躏，大风猛烈无情地横扫这片光秃秃的土地，以至于只有山羊这一种动物能够些许舒服地在这里生活；而唯一能茂盛生长的植物是一种草，即细茎针草或者叫海发草，这种草非常结实，因而可以用来制作编制物。

但是，这个被西班牙人称为台地（你在我们自己的"台地"中还可以见到这个词，所有那些了解新墨西哥州或者读过《疯猫历险记》这个故事的人对这个词都很熟悉）的高原的大部分地区，非常像一个平原，又像一个普通的沙漠，而这就使人明白为什么西班牙和葡萄牙尽管比英国大得多，但其人口却只有不列颠群岛的一半。

　　如果你想更进一步了解这些地区衰败贫穷的详细情况，我建议你读一读一个叫米格尔·德·塞万提斯·萨维德拉的先生的作品。你也许还记得那个"足智多谋的西班牙贵族"，这个"足智多谋的西班牙贵族"是他的作品中的男主人公，他有一个引以自豪的名字叫堂·吉河德·拉·曼恰。那么，曼恰是一种内陆沙漠，和现在一样，这种沙漠以前就散布在卡斯提尔高原上，曼恰也是古代西班牙首都托莱多附近的一块荒凉的、不适宜人居住的

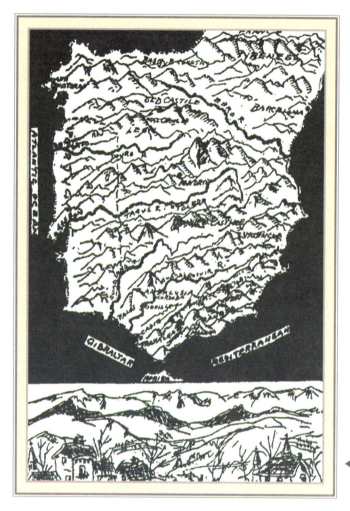

伊比利亚半岛上的人们以他们非常明显的"种族"特征而出名。西班牙人被认为是在"种族上"与任何其他人群截然不同的种族，以至于在任何地方、任何情况下都可以通过他的傲慢、他的彬彬有礼、他的骄傲自大、他的持重冷静以及他演奏吉他和响板的能力将他辨认出来。

废弃土地。在西班牙人听起来，这个名字本身就是不祥之兆，因为在原始的阿拉伯语中，al mansha的意思是"荒野"，而可怜的堂就是真正的"荒野里的地主"。

在这样的一个国家里，大自然是那么吝啬，那样难以控制，人要么必须定居下来努力工作，从而迫使大自然给他生产出生活必需品，要么他还可以选择过普通西班牙人所过的那种生活，通常可以将所有的家当都堆在一个非常小的驴子的背上。这就使我们看到了由于国家的不幸的地理位置所造成的一个最大的悲剧。

800年前，这个国家属于摩尔人。那不是伊比利亚半岛第一次被入侵。由于这个国家拥有宝贵的矿藏，2000年前的铜、锌、银就是今天的石油。像许多现代国家那样，由于不幸地拥有自然的财富，西班牙变成了两个大的有组织的强盗团伙雇佣军的战场。

强盗们刚刚离开，这个国家又被来自北欧的野蛮部落当成了他们试图强行进入非洲的一个方便的陆上桥梁。

接着，早在7世纪时，阿拉伯半岛上的一个放牧骆驼的人产生了一种幻想，并将许多人们从来没有听说过的沙漠部落绑上战车，开始了征服世界的征程。一个世纪以后，他们征服整个北非，并准备对付欧洲。在711年，塔里克驾船驶向著名的猴子石（欧洲唯一的猴子能继续以野生状态进行生活的地方），在没有遇到任何抵抗的情况下，他的军队在直布罗陀这块著名的岩石（顺便说一下，它看起来不像是有名的广告，因为它所背对的是陆地，而不是大海）附近登陆，在过去的200年时间里，这块著名的岩石属于英国。

从那以后，古老的海格力斯之柱落入伊斯兰教徒手中，海格力斯之柱是海格力斯通过将欧洲和非洲的山脉推开这一简单的办法所挖掘的海峡。

西班牙人能够成功地保卫自己以抵抗这次入侵吗？他们进行了尝试，但是，他们国家的地理状况使他们不能采取任何统一的行动，因为平行走向的山脉和带有深深峡谷的河流将这个国家分成许多独立的小方块。记住：即使是今天，约有5000个西班牙村庄，相互之间或者与世界上任何其他地区没有直接的联系，除非走一条羊肠小路，而只有那些头不昏眼不花的行人可以在一年中的某些时节里走这条狭窄的小路。

那么，请记住历史和地理告诉我们的一个确定的事实，那就是这样的国家都是宗族主义产生的温床。伊斯兰教徒对西班牙的征服是可能的，因为摩尔人虽然是一支沙漠中的民族，并因此虔诚地崇拜有限的"部落的"观念，他们曾一度团结在坚强的领导人麾下，这些领导人为他们设定了共同的民族目标，使他们能够忘却他们自己的小抱负。而西班牙人的各宗族各自为战，他们对他们的敌对宗族的恨和他们对将他们赶出家园的共同敌人的恨同样强烈（而且常常是更强烈），而伊斯兰教徒只服从一个领袖的领导。

伟大的西班牙解放战争持续了7个世纪，在这7个世纪中，北方信奉基督教的小国之间进行了无数次的反叛和争斗。这些国家之所以能够幸存下来是因为比利牛斯山脉形成了一种屏障，如果越过了这个屏障，他们要想撤退就必然会与法国人发生纠葛，而法国人在查理曼大帝做出了一些含含糊糊的表示之后，也完全放手让他们自生自灭。

同时，摩尔人已经将西班牙南部变成了一个名副其实的花园。这些来自沙漠的民族珍惜水的价值，而且他们喜欢花和树，可惜花和树在他们自己的地区非常缺乏。他们建造了大型的灌溉设施，引进了橘子、海枣、杏树、甘蔗和棉花。他们利用瓜达尔基维尔河，将科尔多瓦城与塞维利亚城之间的山谷变成了一个巨大的灌溉冲积平原或者花园，在那里农民们每年都能够收获四季作物。他们接通了胡加河，让它在巴伦西亚附近流入地中海，这样，他们又在其领土上增加了1200平方英里的肥沃土地。他们引进工程师，修建大学，对农业进行科学研究，修建这个国家所拥有的至今还在使用的道路。他

在 711 年，塔里克驾船驶向著名的猴子石，在没有遇到任何抵抗的情况下，他的军队在直布罗陀这块著名的岩石附近登陆，在过去的 200 年时间里，这块著名的岩石属于英国。

们对天文学和数学的发展所做出的贡献，我们已经在本书的第一部分中看到了。他们是当时欧洲唯一重视医学和卫生的民族，他们在这些方面表现出了相当大的宽容，以至于他们通过将古希腊的著作翻译成自己的阿拉伯语的方式再次将古希腊的著作介绍给西方。而且，他们还安排了另外一支人马来从事这项工作，而这项工作对他们来说具有十分重大的价值。他们不是把犹太人关在保留地中或者对他们采取更严厉的措施，而是给予他们完全的自由，让他们发挥他们杰出的商业和组织才能，以利于整个国家。

接着，不可避免的事情发生了。在奢华的环境下，那些由拥有强大武装的农家娃建立的王朝变得衰退虚弱了。其他拥有强大武装的农家娃，仍然在驱赶着耕牛挥汗如雨地劳作，他们羡慕格拉纳达的爱尔罕布拉宫以及塞维利亚的阿尔卡沙尔宫的快乐生活，于是，内战爆发了，谋杀出现了，整个家族被斩草除根，另外一些家族涌现出来。同时，北方出现了铁腕人物。宗族合并成小的公国，小的公国又合并成小的国家。人们开始听到卡斯提尔、利昂、阿拉贡、纳瓦拉这样的名字。最后，他们忘记了长期以来的仇恨，在这块满是城堡的土地中，阿拉贡的斐迪南和卡斯提尔的伊莎贝尔联姻。

在这场伟大的解放战争中，激烈的战斗有3000多次。教会把"种族的"冲突变成了宗教信仰的斗争。西班牙人成了十字军战士——这是一个将给他为之英勇战斗的国家带来毁灭的最崇高的理想。因为在摩尔人的最后一个据点格拉纳达被攻破的同一年，哥伦布发现了通往美洲的道路。6年以后，瓦斯科·达·伽马驾船绕过了好望角，并找到了直接通向印度的道路。因此，正当西班牙人拥有自己的家园，并开发他们那已经由摩尔人启动了的国家的自然潜力时，他们得到了不义之财。他们在宗教上的崇高之感很容易使他们把自己想象成神圣的传教士，而实际上他不过是一些不同寻常的（因为不同寻常的残暴和贪婪）强盗。1519年，他们征服了墨西哥；1532年他们占领了秘鲁。这之后，他们遭遇了失败。所有的远大抱负都被湮没在滚滚而来的金子之中，这些金子由笨重的大型横帆船运来倾倒在塞维利亚和加的斯的仓库里。在一个人可以通过要求分享从阿兹特克人和印加人那里抢来的赃物而跻

　　在这场伟大的解放战争中，激烈的战斗有3000多次。教会把"种族的"冲突变成了宗教信仰的斗争。西班牙人成为了十字军战士——这是一个将给他的为之英勇战斗的国家带来毁灭的最崇高的理想。

身"金领阶层"时，那么就没有人肯放下身架从事手工劳动了。

摩尔人所有辛勤劳动的成果都付诸东流了。摩尔人被迫离开了这个国家。接着，犹太人也走了，他们被成批地扔进运送他们的污秽的船中，赤身裸体，一无所有，船长高兴在哪里停靠，就让他们在哪里上岸。他们心中充满了仇恨，但是，他们的思想却因他们所受的苦难而变得敏锐，他们对施暴者进行反击，参与各种由异教徒组织的旨在反对可恨的西班牙的活动。但是，即使是上帝也出来插手干预，给予这些不幸的金色梦幻的受害者一个君主，这个君主对生活的看法没有超出他在埃斯库列尔宫为他自己所建的隐居室的范围之外，埃斯库列尔宫位于荒凉的卡斯蒂里亚平原的边缘，他已经将他的新都马德里城搬迁到了这里。

从此以后，三个大陆的财富和整个国家的人力都被用来抑制北方的新教徒和南方的伊斯兰教徒这些异教徒的入侵。由于7个世纪的宗教战争，西班牙民族已经变成了一个视超自然的现象为自然现象的种族，他们心甘情愿地服从于他们的王室主人。为了这个目的他们浴血牺牲，就像他们竭尽全力积累更多的财富一样。

伊比利亚半岛把西班牙人打造成今天这个样子。西班牙人现在就要转变过来，在经过数世纪的疏于管理之后，将伊比利亚半岛变成他们所希望的那个样子，不考虑过去，而一心只关注未来，西班牙人能做到这些吗？

他们正在努力，而且在一些城市，比如巴塞罗那，他们还做出了非常大的努力。

但是，这是一项多么艰巨的工作！一项多么艰巨的工作呀！

03 讲4种语言的瑞士人

　　瑞士人喜欢称他们的国家为赫尔维西亚联邦（the Helvetian Confederation），一个名叫赫尔维西亚的衣衫褴褛的女人的头像会出现在22个独立的小共和国的硬币和邮票上，这些共和国的代表们聚集在首都伯尔尼，讨论他们共同祖国的大事。

　　战争爆发以后，当这个国家的大多数人（百分之七十的人说德语，百分之二十的人说法语，百分之六的人说意大利语，还有百分之二的人说罗曼什语）差不多都站在德国人的一边（尽管小心翼翼地保持着中立）时，一个名叫威廉·泰尔的有点理想化的年轻英雄的形象大有取代赫尔维西亚女神之势，我非常遗憾地说，赫尔维西亚女神开始越来越像维多利亚中期被

瑞士——
多山的国家

英格兰著名的艺术家所描绘的不列颠尼亚了。这种硬币和邮票上神像的冲突（这样的冲突不仅限于瑞士，几乎所有的国家都有这样的怪问题）清楚地表明了瑞士共和国的双重性质。对于外部世界来说，所有这一切都不重要。对于我们这些不具有瑞士血统的人来说，瑞士只不过是一个风景如画的山地国家。

阿尔卑斯山脉从地中海延伸到亚得里亚海，它的长度差不多是英国的两倍，面积和英国大约相当。这块土地中的16000平方英里归属于瑞士（丹麦的面积和这一样大），而在这16000平方英里的土地中，12000平方英里在某种程度上是富饶的土地，因为它们有的被森林覆盖，有的是葡萄园，有的是小块的牧场。4000平方英里的土地对任何人都没有任何用处，因为它们不是被大湖泊的水所淹没，就是形成一些风景如画的悬崖；700平方英里的土地是被冰川所覆盖。结果，瑞士每平方英里的土地上只有250个居民，而比利时有655人，德国有347人。但是，挪威每平方英里只有22个居民，瑞典有35人，因此，那种认为瑞士仅仅是一个只供旅馆老板和他们的客人居住的巨大的山区休养胜地的观念是不太正确的。因为瑞士除了生产奶制品外，它还把阿尔卑斯山和图拉山之间宽阔的北部高原变成欧洲最繁荣的工业重镇之一，而且它不需要任何原材料方面的援助就能做到这一点。当然，它有极丰富的水力资源，而且，它还处在欧洲的正中心这个非常有利的位置，这就使这个赫尔维西亚共和国的制成品，有可能悄悄地却连绵不断地流入至少十来个周围的国家里。

像往常一样，现实的政治以及领土的某些地理独特性二者的结合，使瑞士首次有机会争取独立。因为居住在这些人迹罕至的山谷中的半原始的农民被他们那些强大的邻居冷落了差不多1000年。如果没有东西可掠夺的话，那么打起荣耀的帝国旗帜又有什么用？最多只能够从这些野蛮人那里掠取几张牛皮罢了。然而，他们是危险的野蛮人，擅长打游击战，会使用那些令人恐怖的大石头做武器，这些石头从山坡上滚下来，砸烂一套盔甲就像砸烂一张羊皮纸那么容易，因此，瑞士人所受到的待遇，就像居住在阿利根尼山脉中的印第安人从大西洋沿岸的原初移民那里所得到的待遇一样——他们被忽略了。

但是，由于教皇地位的上升，加上十字军东征期间以及紧随其后的意大利商业的大规模向北扩张，北欧人真切地感到需要开辟一条比圣伯纳德山口（该山口需要绕一条取道里昂和整个罗讷河谷，经由日内瓦湖的长长的路线）或者勃伦纳山口更直接更方便的路线来联通德国和意大利，经过勃伦纳山口就意味着要穿过哈布斯堡王室统治区，要向他们缴纳几乎是难以承受的关税。

日内瓦是瑞士第二大城市，位于日内瓦湖西南角。

就是在那时，翁特瓦尔登、乌里、施维茨这些州（瑞士的一些小独立共和国或者地区的名字）的农民决定联合起来，每个人都捐一点钱（上天都知道，他们没有多少钱），建设从莱茵河谷到提契诺河谷的道路。他们凿碎了一些石头，每当遇到太硬的石头，用镐锄（试图在没有炸药的情况下开山辟路）难以挖开时，他们就制造狭窄的木头装置，将这种装置悬在山壁上以绕开难以开凿的角落；而且，他们建造了一些横跨莱茵河的原始石桥，这些石桥迄今只能在盛夏时节让行人通行。有一部分道路他们是沿着4个世纪以前查理曼大帝时期的工程人员所勘察的路线修建的，但是一直没完工；13世纪末时，一个商人带着他的骡队从巴塞尔经过圣哥达山口到达米兰，他深信，就算是因为摔断了腿以及被滚下来的石头砸中，他的驮畜的损失也不过两三头。

我们听说早在1331年时在山口的顶上建有一个旅客招待所，然而，直到1820年时，这个招待所才开始接待马车，而且，那里很快就成了南北之间商业上最繁忙的通道。

当然，翁特瓦尔登、乌里、施维茨的善良的人们也为他们所付出的辛劳而索取一点报酬。这种稳定的税收，再加上这个国际交通对诸如卢塞恩和苏黎世这样的城市的促进作用，使这些农村小社区产生了新的独立之感，毫无疑问这种独立之感与他们对哈布斯堡家族的公开蔑视有很大的关系。很奇怪的是，后者原本也是属于瑞士农民的血统，尽管他们没有在任何家谱中提到这一事实，他们的家谱保存在他们的老家哈布斯堡城堡（鹰巢）里，阿勒河就是在该城堡的附近流入莱茵河的。

我对我乏味的介绍表示歉意，但是，促使后来的现代瑞士共和国建立的正是这种来自繁忙的阿尔卑斯山商道的实实在在的收入，而不是子虚乌有的威廉·泰尔的勇敢行为。这个现代瑞士共和国是一种非常有趣的政治实验体，其坚实的基础是一种极其有效的世界公共学校制度。政府机器的运转非常顺畅非常高效，以至于当你问他们谁是他们的总统时，连瑞士居民也要思考片刻。由于他们国家的管理者是联邦委员会———一种经理管理委员会——由7名成员组成，而且每年他们都任命一名新总统（通常是上一年的副总统），按照惯例，而不是按照法律规定：第一年总统由来自这个国家里德语区的人担任；下一年由法语区的人担任；第三年由意大利语区的人担任。

然而，他们的总统不像美国的总统，他只是联邦执行委员会的临时主席，联邦执行委员会是通过它的7个成员之口来表达其意愿的。总统除了主持联邦委员会的会议之外，他还是外交部部长，但是，他的地位是如此的不突出，以至于他连官邸都没有。瑞士没有"白宫"，当有贵客需要接待时，那么招待会就在外交部办公室里举行，甚至是这些招待会也更像是小山村里的一种简单的酒会，而不像法国总统或者他们的美国同事们的盛大招待会。

我们听说早在1331年时在山口的顶上建有一个旅客招待所，然而，直到1820年时这个招待所才开始接待马车，而且，那里很快就成了南北之间商业上最繁忙的通道。▶

这个国家管理方面的主要内容过于复杂，难以在这里一一介绍。但是，来到阿尔卑斯山的这个地区参观的人经常被提醒道，某某地方或者其他的地方，有一个智慧且诚实的人在不断地监督事情是不是正在进行，以及事情是不是已经圆满完成了。

就拿铁路建设来说吧，当然修建铁路会遇到无数的困难。两条连接意大利和北欧的主干线直接穿过瑞士阿尔卑斯山脉的中心。塞尼峰隧道通过第戎和里昂将巴黎和都灵（古代萨伏伊王国的首都）直接连通起来；勃伦纳线将德国南部和维也纳直接连通起来，虽然该线穿过阿尔卑斯山，但是它不经过任何隧道。然而，辛普朗线和圣哥达线不仅要穿过隧道，而且实际上还要翻越一些山。这两条线中圣哥达线修建的时间更早一些。它始建于1872年，10年后完工。其中8年时间是挖隧道，该线的隧道长9.5英里，所达到的高度差不多有4000英尺。更有意思的是，在瓦森到格舍切之间还修建了盘旋隧道。由于山谷太窄，以至于连铺设单轨的地方都没有，铁路只得改为穿过山脉的中央。在这些特殊的隧道之外，还有59条其他隧道（有几条差不多有1英里

山隘

长）、9座大型高架桥以及48座普通桥梁。

阿尔卑斯山北第二条最重要的道路是辛普朗线，它从巴黎直接通到米兰，沿途经过第戎、洛桑、罗讷河谷以及布里格。辛普朗线建成通车的时间是1906年，正好在拿破仑完成他那著名的辛普朗山口道路修建一个世纪以后，该道路建有250座大桥、250座小桥以及10条长长的隧道，是目前世界道路建设方面最伟大的作品。比起圣哥达线来，辛普朗线的修建要容易得多，这条线沿着缓慢上升的罗讷河谷，一直修到大约2000英尺高的地方，在那里开始挖隧道。隧道12.5英里长，是双轨道。勒奇山隧道（9英里长）也是这样的，该隧道将瑞士北部与辛普朗线和意大利西部连接起来。

辛普朗线穿过所谓的本宁阿尔卑斯山脉，这个山脉是所有山脉中最狭窄的山脉之一，尽管如此，所有山脉的气候它都有。在这个小小的四边形范围内，有多达21座高度在12000英尺以上的山峰，140条冰川注入湍急的溪流。最恼人的是，这些溪流往往会在一辆大型国际特快列车到来的几分钟之前将铁路桥冲毁。由于水上抢险队的存在，这条线上从来没有发生过事故，这充分说明了瑞士铁路工人的工作效率高。然而，正如我前面所说的那样，在这个有点僵化而且相当官僚化的共和国里，没有多少事情是可以靠运气来办成的。生活太艰难太危险了，那种"得过且过"的和谐哲学观是行不通的。总有人在某个地方、以某种方式盯着你、观察你、注意你。

这种颇像教师似的严守时间和讲求效率的普遍倾向，并没有产生艺术上的成就，这一事实是众所周知的。在文学和艺术方面——绘画、雕塑或者音乐——瑞士人从来没有创作出任何其影响超出他们自己狭窄的圈子的作品。然而，在充满了"艺术"国家的世界里，只有几个国家可以夸耀自己的政治和经济在数个世纪里一直都在不断地增长和发展。这种体制适合普通的瑞士人和他的妻子。我们还能要求什么呢？

33

04 连接亚洲和欧洲的角色

希腊半岛在广阔的巴尔干半岛的最南端。它在北部依傍着多瑙河，西临亚得里亚海，亚得里亚海将其与意大利隔开；东部是黑海、马尔马拉海、博斯普鲁斯海峡和爱琴海，这些海和海峡将它与亚洲分开；南部是地中海，地中海将它与非洲隔开。

我从来没有从空中俯瞰过巴尔干半岛，但是在我看来，如果从高空上看，它一定像一只手，从欧洲伸到亚洲和非洲。希腊是拇指；色雷斯就是小指；君士坦丁堡是小指上的指甲；其他手指是从马其顿和塞萨利绵延到小亚细亚的山脉。只有这些山脉的顶部才是清晰可见的，下面的部分被爱琴海的波浪所淹没。但是，从一个很高的高度上看，你可以毫无疑问地看到它们，就像你看到一部分被没入洗脸盆中的手指那样真切。

这只手的皮肤覆盖了坚实的山脉的主干部分。这些山脉基本上是从西北延伸至东南，差不多可以说，是呈斜线的。它们有保加利亚的、门的内哥罗（今黑山共和国）的、塞尔维亚的、土耳其的、阿尔巴尼亚的、希腊的名字，但是，只有几个是十分重要的，值得你记住。

迪纳里克阿尔卑斯山脉从瑞士的阿尔卑斯山延伸到科林斯湾，科林斯湾这条宽阔的海湾将希腊的北半部与南半部分开，早期的希腊人曾将南半部这个三角地带当成一个岛屿（不足为

希腊半岛在广阔的巴尔干半岛的最南端。它在北部依傍着多瑙河；西临亚得里亚海，亚得里亚海将其与意大利隔开；东部是黑海、马尔马拉海、博斯普鲁斯海峡和爱琴海，这些海和海峡将它与亚洲分开；南部是地中海，地中海将它与非洲隔开。

奇，因为将它与大陆联结起来的科林斯地峡只有大约3.5英里宽），他们称这个岛屿为伯罗奔尼撒或者是珀罗普斯岛，根据希腊人的传说，珀罗普斯是丹达罗斯的儿子，是宙斯的孙子，他在奥林匹克被授予所有优秀的运动员之父的荣誉。

中世纪曾经征服过希腊的威尼斯人是平凡的商人，他们对那个曾经被父亲做成菜肴的年轻人不感兴趣。他们发现伯罗奔尼撒半岛的地图看起来很像桑树叶子。于是，他们就叫它摩里亚半岛，这个名字你在所有的现代地图册上都可以找到。

在这一地区有两个山脉，它们各自独立存在。北部是巴尔干山脉，这也是整个半岛的名字。巴尔干山脉只是一个半圆形群山的南端，群山的北部地区被称为喀尔巴阡山脉。将它们与喀尔巴阡山脉的其余部分分割开来的是所谓的"铁门"——一条狭窄的峡谷，多瑙河就是通过这条峡谷流入大海的；

希腊天文学家

而且它们起了一个屏障的作用，迫使多瑙河笔直地从东到西流淌，并最终流入黑海，而不是流入爱琴海，该河在离开匈牙利平原时似乎是往爱琴海方向流动的。

遗憾的是，这堵将半岛与罗马尼亚分隔开来的墙并不像阿尔卑斯山那样高，因此，也就不能有效地保护巴尔干地区免受来自俄罗斯大平原凄厉的寒风的袭扰。因此，半岛的北部经常下雪和结冰，但是，在云层到达希腊上空之前，它们被第二道墙挡住了，这道墙就是罗多彼山脉，从它的名字"玫瑰覆盖的山"我们就可能知道这里的气候是温和的。

罗多彼山脉差不多有9000英尺高。巴尔干山脉的最高峰只有8000英尺高，它位于著名的石普卡隘口的附近，1877年9月俄国军队曾经强行通过这个隘口，引起了不小的骚动。因此，罗多彼山脉在半岛其余地区的气候方面起了非常重要的作用，而且，还有冰雪覆盖的高达1万英尺的奥林匹斯山守卫着塞萨利平原，那里是希腊的真正发源地。

肥沃的塞萨利平原曾经是一个内陆海。但是，珀涅俄斯河（今萨拉米比亚河）通过著名的坦佩谷为自己开辟了一条通道，巨大的塞萨利湖注入萨洛尼卡湾，塞萨利就变成了陆地。至于塞萨利这个古希腊人的谷仓，土耳其人曾经忽略了它，就像他们忽略所有的事情一样。在土耳其人被赶跑之后，希腊的放债人控制了农民，并接着横征暴敛。今天塞萨利在种植烟草。它有一个港口叫沃洛，阿耳戈英雄们就是从这里出发去寻找他们的金羊毛的，这个古老的故事早在特洛伊英雄出生之前就已经产生。此外，还有一个工业城市和铁路中心拉里萨。

有一件趣事能够说明古代的人是怎样被莫名其妙地混杂到一块的。我要提及一下，在希腊领土中心位置拉里萨有一个黑人区。土耳其人并不关心谁会在他们所进行的战争中成为炮灰，他们从埃及领地调来几个苏丹土著人军团来帮助他们镇压1821—1829年的希腊大起义。拉里萨是他们在战争期间的总部，战争结束之后，可怜的苏丹人就被遗忘了。他们仍旧无依无靠，而且他们仍然在那里。

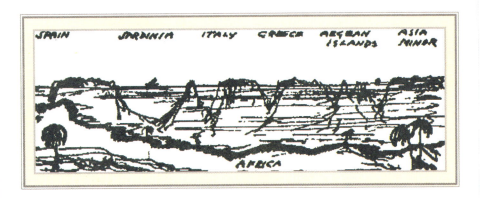

地中海

然而，你将会遇到比之前我们所处理过的问题更为奇怪的事情。你会听说在北非的印第安人和在中国东部的犹太人，以及在大西洋上无人居住的岛屿上的马匹。对这样的奇闻趣事，那些鼓吹"纯正血统"的狂热分子最应该读一读。

从塞萨利出发，我们越过品都斯山脉进入伊庇鲁斯。这条山脉和巴尔干山脉一样高，是伊庇鲁斯和希腊其余地区之间的屏障。为什么亚里士多德会把世界上的这个地区认定为人类的原始家园，这将永远是一个谜。因为它是高山地区的一个贫困乡村，有漫游的牛群，没有港口或者像样的道路。当罗马人在一次战役中把15万伊庇鲁斯人卖为奴隶后（这是罗马人著名的建立法律与秩序的方法），这里早期的人口就已经所剩无几了。伊奥尼亚海的狭窄水道将伊庇鲁斯的两个地区与大陆隔开。一个是伊萨卡岛，它是传说中坚韧的奥德修斯的故乡；另一个是科孚岛，它是早期弗阿克斯人的故乡，他们的国王阿尔喀诺俄斯是瑙西卡的父亲，而瑙西卡在古代文学中是所有妇女中最可爱的女人，而且永远都是优雅大方殷勤好客的典范。今天，科孚岛之所以著名，主要是因为它曾是1916年战败的塞尔维亚人撤退的地点，也是仅仅几年以前法西斯海军很随意的、无效的射击目标。它作为一个冬季的休假胜地具有广阔的发展前景，然而，它也确定无疑地坐落在一个大的欧洲地震带上。

迪纳里克阿尔卑斯山脉震发生地的不良记录，在最1893年的地震中，邻近的岛屿桑特岛受害最严重。但是，地震从来没有阻止过人们前往那些舒适的地方，因而我们可以将危险的成分打个折扣。

雅典卫城古迹，经过2000余年的沧桑，依然屹立。

在环球旅行中我们会遇到很多火山，而且还会发现在火山的缓坡上所居住的人口比在地球脆弱的表面上那些地壳活动不频繁的地区所居住的人口更稠密。关于这一问题又有谁能做出解释呢？我从伊庇鲁斯出发继续向南，就看到了皮奥夏。

这个地区像一个巨大的空无一物的汤盘，其南面是阿提卡山脉，北面是塞萨利和伊庇鲁斯山脉。我之所以提及这一地区，很大程度上是因为它是我在本书的开头所谈到的自然界对人类施加影响的一个经典例子。在那美好的古典时代的普通希腊人看来，一个皮奥夏人，即使他来自缪斯女神的故乡帕纳塞斯山这个特尔斐的神使在其斜坡上建立神祠的地方，他也是一个乡巴佬，一个头脑笨拙的乡下人，一个小丑，一个傻瓜，一个笨蛋，一个呆头呆脑的人，一个头脑迟钝的笨蛋，他天生就是表演早期各种低劣的打闹滑稽幽默剧的料。

然而，皮奥夏人天生的智商并不比其他希腊人低。战略家埃帕米农达以及传记作家普鲁塔克都是皮奥夏人，不过，他们早年都离开了他们的故乡。那些后来留下来的人遭受到了瘴气的伤害，这些瘴气来自满是沼泽地的科派斯湖边缘地区。用浅显的现代医学术语来说，他们可能是疟疾的受害者，这种疾病会使人智力低下。

在整个13世纪，法国的十字军战士都是雅典的统治者，他们开始排干这些沼泽的水，于是，皮奥夏人的条件得到了改善。当然，土耳其人却放任地让蚊子在这里滋生，于是，皮奥夏人的环境又开始恶化。最后，在新王国建立后，一个法国公司和一个英国公司先后将科派斯湖的泥水排入尤波依克海，将这个内陆海的海底变成了肥沃的草场。

今天的皮奥夏人既不是过去的皮奥夏人，也不是雅典人或者布鲁克林人的擦鞋匠了，上天知道，他们具有足够的智慧来从苏格兰人或者亚美尼亚人那里得到额外的报酬。沼泽地不见了，毒气不见了，传播疟疾的蚊子也不见了。几个世纪以来一直被嘲笑为表现乡下愚笨和可耻的低能的A类展品的整个乡村，随着几个毒气沼泽地的排干，也恢复了常态。

接下来，我们来到了阿提卡这个希腊诸岛屿中最有趣的岛屿。现在我们坐上从拉里萨到雅典的火车，该条线路和欧洲的主干线连接起来。然而，以往那些想从北部的塞萨利到南部的阿提卡去的人只有一种路线选择，这就是著名的温泉关。用现代意义上的词汇来说的话，它并不是一个真正的关隘——而是两座高山之间的狭窄缝隙。那是一条狭窄的路径，大约45英尺宽，在奥埃塔山的岩石和哈莱湾之间，哈莱湾是尤波依克海的一部分。就是在这里，列奥尼达和300名斯巴达人于公元前480年在试图阻止薛西斯大军进军的过程中，为了挽救欧洲免受亚洲的入侵，全部牺牲了。200年以后，也同样在这里，野蛮的高卢人对希腊的入侵被阻止了。即使迟至1821年和1822年，在土耳其人和希腊人的战争中，这个关口也起了重要的军事作用。今天这个关隘已不见了。海水已经从大陆往后退却了差不多3英里，剩下一个简陋的海浴场，得风湿病和坐骨神经痛的人试图用那里的那些温泉（希腊语"thermos"的意思是"热"，英语"温度计"与"热水瓶"都由此而来）来缓解自己的病痛。但作为战场，只要人们还怀念那些为了失败的事业而献身的英雄，温泉关就将名垂青史。

阿提卡本身是一个小的三角形——一个濒临蓝色的爱琴海的多岩石的海角。在其诸多的山中间是无数的小山谷，这些山谷都直接通向大海，而且来自滨海地区的微风使这些山谷的空气既清新又纯净。古代雅典人宣布，他们之所以具有聪明才智和远见卓识，是因为他们所呼吸的空气使人心情愉快。他们这种说法可能是对的。那里皮奥夏的死水沼泽使传播疟疾的蚊蝇大量繁殖。结果，雅典人身体健康，而且一直保持着健康。他们最先认识到，人不是被分为相等的两个部分——身体和灵魂，身体和灵魂是一体的，健康的身体有必要促进健康的心灵，健康的心灵是健康的身体必不可少的组成部分。

希腊传说

▲

在空中，你可以从雅典卫城一直看到主宰着马拉松平原并为城市提供大理石的潘泰列山脉。然而，气候不仅造就了当时的雅典人，而且也造就了今天的雅典人。

让阿提卡人直接走向世界每一个角落的因素是海洋。大自然的神工鬼斧，将一座陡峭的平顶小山摆在平原的中心，这个小山高500英尺、长870英尺、宽435英尺，平原的四周有海米徒司山、潘特里科斯山以及埃伽列斯山，一群不幸的雅典逃亡者就是从埃伽列斯山的斜坡上看到波斯舰队在萨拉米斯海峡覆灭的，时间是在他们的城市被薛西斯的军队焚毁几天后。这个平顶的坡度陡峭的山首先吸引了来自北方的移民，因为在那里他们找到了他们都需要的食物和安全。

令人感到奇怪的是，雅典和罗马这些古代欧洲最重要的定居点位置不是紧临大海，而是离大海几英里远。早于雅典和罗马几百年建城的克里特岛中心克诺索斯可以作为一种警示，即当一座城市总是面临着海盗袭击的时候，可怕的事情就会发生。然而，和罗马相比，雅典离大海更近更便利。希腊的水手在比雷埃夫斯这个现在雅典的港口登岸后，很快就能与其家人团聚。而罗马的商人则需要3天的旅程，旅程有点儿太长了。于是，他就一改过去回到家乡城市的习惯，就在台伯河口住下来，罗马渐渐就和外海失去了密切的联系，而外海对于所有那些向往着统治世界的国家来说是十分有利的。

然而，渐渐地，这些平顶山地的人们，这些"高空城市"的居民搬迁到了平原，在山脚周围建起了房子，最近将这些堡垒与比雷埃夫斯的堡垒联结起来，并定居下来，依靠贸易和抢劫，这些居民从此就过起了富裕的生活，把他们固若金汤的堡垒变成了整个地中海地区最富庶的大都市。然后，他们的卫城不再有人居住，而是变成了神殿——白色的大理石建造的神殿，骄傲地矗立在阿提卡的紫色天空下——即使土耳其火药库的大爆炸摧毁了一些重要的建筑物，在那些以最完善的形式显现人类天才的名胜古迹中，这座神殿仍然是独特且令人赞叹的。

当希腊在1829年重新获得自由时，雅典已经沦落成一个仅有2000个居民的村庄。1870年，它有人口4.5万。今天，它有人口70万，这种增长速度只有我们自己的一些西部城市才比得上。希腊人如果不是在第一次世界大战一结束就开始拿自己的命运开玩笑，愚蠢地放弃小亚细亚极其珍贵的殖民地的话，那么，雅典今天可能已是爱琴海强国的中心了。然而，所有这一切在不久的将来仍有可能成真。虽然好事多磨，但终究会出现的。这座城市是以宙斯最机智最聪明的女儿的名字雅典娜命名的，她的智慧产生于她父亲的大脑，雅典已经表现出了巨大的恢复能力。

现在我们来到最后的一站，同时也是大希腊半岛最遥远的地区——阿卡狄亚。高大的山脉将田园诗般的阿卡狄亚与大海隔开，所有诗人都赞美这个阿卡狄亚是虽然简朴但是诚实可爱的男女牧羊人的家乡。诗人们总是喜欢充满激情地夸大他们所知甚少的事物。因为阿卡狄亚人并不比其他希腊人更诚实。他们之所以没有玩弄他们那些更为老练的希腊同胞的低劣把戏，不是因为他们反对这样做，而仅仅是因为他们从来就没有听说过这种把戏。他们不偷盗，这是真的，然而，在一个只有枣和山羊的国度里，没有什么东西值得一偷。他们不撒谎，因为他们的村庄非常小，以至于每个人至少都知道所有其他人的所有事情。如果他们不像埃乌夫西斯和其他雅典圣地的人一样用精致的奢侈品供奉诸神，他们就该有自己的神潘恩，在开低级玩笑、表现像乡巴佬那样弱智低能这个方面，潘恩丝毫不弱于奥林匹斯的任何一位神。

确实，当时和现在一样，阿卡狄亚人能打仗，但是那对他们没什么好处，因为像大多数农民一样，他们讨厌纪律，并且永远不会同意别人出任他们的统帅。

多山的阿卡狄亚向南延伸至拉哥尼亚平原，这是一片肥沃的平原，比阿提卡的山谷肥沃得不知道有多少倍，但是，这里的人在独立思考方面却很欠缺，而且除了满足纯粹的生活需要，没有任何奇思妙想。在这个平原上有最奇特的古代城市。它的名字叫斯巴达，它代表着所有一切让北部希腊人感到恐惧的事物。雅典对生活说"是"，斯巴达却说"不"。雅典相信来自灵感的才华，而斯巴达则致力于实际的效率和服务。雅典自豪地宣扬天授神权的雄才伟人。斯巴达则把所有的人都贬低为单调乏味千篇一律的普通人。雅典敞开大门接纳外来人。斯巴达则将外来人逐出国门或者杀害他们。雅典人是天生的商人，而斯巴达则不允许其国民做生意，以免弄脏了手。如果我们通过最后的成功与否来对这两种政策进行评判的话，那么斯巴达这个城市则做得不够好。雅典的精神已经渗透到了全世界。斯巴达的精神则重蹈了产生这种精神的城市的覆辙——它消失了。

在现代希腊地图上你会找到一个叫斯巴达的地方。它是一个由小农和身份卑微的养蚕人组成的村庄。它是于1839年在人们所认为的古斯巴达的原址上建立起来的。英国的热心人提供资金，一个德国的建筑师画了图纸。但是，没有人愿意去到那里居住。今天，经过差不多一个世纪的努力后，这个城市已经有了4000个居民。这是古老的珀罗普斯诅咒。这个诅咒在半岛的另一个地区甚至表现得更加明显——这个诅咒在史前的迈锡尼堡垒得到完全实现。

迈锡尼的遗迹离纳夫普利亚不远，纳夫普利亚是伯罗奔尼撒半岛上最著名的港口，它位于以这个名字命名的海湾上。这个城镇在公元前5世纪时被毁。但是，对于我们这些现代世界的人来说，它甚至比雅典和罗马更具有直接的重要性。因为早在有文字记载的历史开始以前，就是在这里野蛮的欧洲沿岸首次接触到了文明。

当希腊在1829年重新获得自由时，雅典已经沦落成一个仅有2000个居民的村庄。希腊自由村庄要想理解这一切是如何发生的，就要看看3个被水淹没了一半的山

迈锡尼师门给人以力感

脊，这3个山脊是从欧洲延伸到亚洲的巴尔干大手的一部分。大手的手指由岛屿构成。这些岛屿现在属于希腊，只有几个爱琴海东部的岛屿已经被意大利占领，而且将继续占领下去，其原因是其他国家不想为在遥远的海上的几个毫无价值的岩石而进行战争。为了方便起见，我们把这些岛屿分成靠近希腊海岸的基克拉迪群岛和靠近小亚细亚的斯波拉群岛两组。圣保罗已经知道，这些岛屿互相之间的航行距离非常短。它们形成了一座桥梁，通过这座桥梁，埃及、巴比伦和亚述的文明向西传播，直到欧洲沿岸。同时，在那些已经定居在爱琴海诸多岛屿上早期的亚洲裔移民的影响下，这种文明已经非常明显地"西化"了，它就是以这种形式最后传到迈锡尼的，不然的话，迈锡尼就会像后来的雅典那样，成为古典希腊世界的中心。

希腊会像她的许多国民所希望和所热切期盼的那样恢复古老的荣光吗？也许会。

但是，一个国家先是相继被马其顿人、罗马人、哥特人、汪达尔人和斯拉夫人侵占；后又被诺曼人、拜占庭人、威尼斯人以及十字军东征中恶贯满盈的乌合之众所征服并成为殖民地；接着，其国民几乎被阿尔巴尼亚人全部杀光，并被注入新的人口；在差不多4个世纪的时间里又被迫处于土耳其人的统治之下；在第一次世界大战期间，又成为协约国军队的供应基地和战场——这样的国家确实经受了痛苦，而这些痛苦使它很难恢复元气。只要有生命，就有希望。但是，这种希望是极其渺茫的。

05 建在欧洲大平原西部上的国家

现在，让我们看看德国陆地的地图。我所指的是现在的地图，因为它所标示的内容一定和人类跟随冰川退去的路线在旧大陆的这个地区永久地定居下来时的情况差不多。

像罗马城是起源于台伯河对岸的一个浅滩一样，德国北部早期的许多城市不过是史前和早期历史上的居民点的延续而已，这些居民点就在我们今天的加油站和杂货店的所在地。汉诺威、柏林、马格德堡、布雷斯劳都是这样发展起来的。莱比锡虽然最初是斯拉夫人领地中部的一个村庄，但它也是起源于商业，因为撒克逊山脉所出产的矿产品，如银、铅、铜和铁，就在那里汇集起来，然后通过水运卖到那些在欧洲商道上南来北往、川流不息的各国商贾手中。

当然，这条道路一旦抵达了莱茵河，水上运输船队就成了长途陆地运输商队的激烈的竞争对手。水路交通总是比陆路交通要便宜和方便得多，而且，早在凯撒首先发现莱茵河之前，那里一定有木排将商品从斯特拉斯堡（莱茵河就是通过那里与内地的弗朗克尼亚、巴伐利亚、符腾堡相联系的）运到科隆，由此再运到低地国家的沼泽地带，最后到达英国。

从柏林到耶路撒冷有很长一段距离，但是，这两座城市都坚决遵循同样的地理法则，那就是：城市必须建在重要的贸易通道的交汇处。耶路撒冷就坐落在从巴比伦到腓尼基以及从大

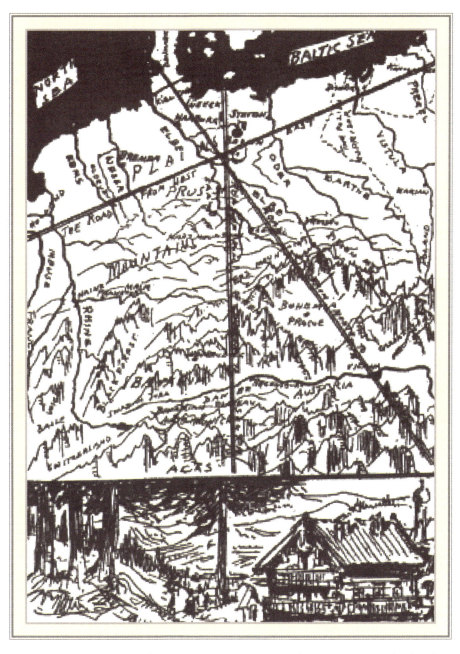

在整个中世纪，德国都是由许多半独立的国家组成。然而，直到300年以前，都没有迹象显示某一天这个欧洲大平原的西部地区会发展成为世界上的主要国家。足以让人奇怪的是，现代德国几乎直接来自于十字军运动的失败。

马士革到埃及的商路上。早在犹太人听说这座城市存在之前，它就已经是一个重要的贸易中心了。柏林坐落在从西到东以及从西北到东南（从巴黎到彼得格勒以及从汉堡到现代的君士坦丁堡）的岔道上，它必定要成为第二个耶路撒冷。

在整个中世纪，德国都是由许多半独立的国家组成。然而，直到300年以前，都没有迹象显示某一天这个欧洲大平原的西部地区会发展成为世界上的主要国家。足以让人奇怪的是，现代德国几乎直接来自于十字军运动的失败。当确定在西亚已经没有可供征服的新的领土之后（伊斯兰教徒被证明比基督教徒强大），欧洲的那些被剥夺了继承权的阶层就开始寻找其他的农业财富的源泉。很自然的，他们立刻就想到了去奥得河和维斯瓦河对岸的斯拉夫人的领地上试试运气。在这块土地上生活的是野蛮的、信异教的普鲁士人。一个古老的十字军修会一股脑儿全部从巴勒斯坦来到了东普鲁士，他们将商业中心也从加利利的阿卡搬到了位于但泽以南30英里的马林堡。在200年的时间里，这些骑士们和斯拉夫人作战，把从西方迁来的贵族和农民安置在受害者的农场里。在1410年，他们在坦能堡之战中惨败在波兰人手下，1914年在同样的地方，兴登堡全歼了俄罗斯军队。然而，不知怎么，这个修会即使遭到了这样的打击，还是幸存了下来，当宗教改革发生时，他们仍然是一个相当重要的团体。

凑巧的是，那时这个修会的领导者是霍亨索伦家族的一个成员。这个特别的领导人不仅参加了新教徒的事业，而且在马丁·路德的建议下，他宣布自己是世袭的普鲁士公爵，将但泽湾畔的柯尼斯堡作为首都。17世纪，这个公国落入另一支勤奋而且精明的霍亨索伦部落手中，这支部落自从15世纪中期开始就掌管着勃兰登堡的沙荒地。100年之后（确切地说是在1701年），这些勃兰登堡的新贵们感到自己已经足够强大了，他们要谋求比纯粹的"选帝侯"更高的地位，于是，他们就鼓动起来，要让人们承认他们自己是国王。

在整个中世纪，德国都是由许多半独立的国家组成。普鲁士人宗教改革，神圣罗马帝国的皇帝表示同意。一般来说，同类不相残，哈布斯堡皇室很乐意为他们的好朋友霍亨索伦家族帮一些小忙，他们不都是同一个俱乐部的成员吗？1871年，普鲁士的第七代霍亨索伦国王当上了德意志联邦的皇帝。47年之后，普鲁士第九代国王以及现代德国的第三代皇帝被迫离开他的王位和国家，一个巨大的控股公司就这样完蛋了，这个控股公司从一个破产的十字军修会的残余起家，结束时，已是工业主义和资本主义伟大时代里最强大最高效的强国。

但是，现在一切都已过去了，最后一代霍亨索伦家族正在荷兰伐木。我们不妨实事求是地承认，从前的那些蒂罗尔山民是非常能干的人，或者至少是非常聪明的人，他们能够把那些非常有能力的仆人留在自己的身边。因为要记住，他们最初的领地上没有任何自然资源。普鲁士从来就不是一块有诸多农场、森林、沙滩和沼泽的土地。那上面不出产任何适合出口的物品，对任何一个国家来说，出口是获得贸易顺差的唯一途径。

当一个德国人发明了从甜菜中提取糖的方法之后，情况稍微有所改善。大约在同时，德国化学家发现了碳酸钾的价值，而由于普鲁士的硝酸钾的储量很大，这个国家终于开始向国外市场输出一点东西了。

然而，霍亨索伦家族总是很走运。拿破仑被打败之后，普鲁士获得了莱茵河地区。该地区在工业革命之前一直都没有什么特别的价值，工业革命需要有煤和铁。非常出人意料的是，在普鲁士境内发现了一些全世界储量最丰富的铁矿和煤矿。于是，之前历时500年艰苦的贫困教育终于开始有了成果。贫困已经教会了德国人严格和节俭，现在它开始教导他们如何比所有其他的国家生产得多，怎样比其他的国家卖得便宜。而当陆地上再也没有足够的空间来供养数量迅速增加的条顿人小孩时，他们就转向海上，在不到半个世纪的时间里，他们就成了从海外贸易中获得国家收入的主要国家之一。

在北海是文明中心的时候（在美洲的发现使大西洋变成主要的商路之前，它一直都保持着这种地位），汉堡和不来梅的地位是相当重要的。如今，这两座城市又恢复了生机，并对伦敦以及其他英国港口独一无二的显赫地位构成严重的威胁。从波罗的海到北海之间开挖了一条大型的船用运河，即所谓的基尔运河，该运河于1895年通航。该运河还将莱茵河、威悉河、奥得河、维斯瓦河、美因河以及多瑙河（只部分地完成）连接起来，使北海和黑海之间有了一条直接的水上通道，而柏林借助一条从首都到斯德丁的运河可以通到波罗的海。

在保障大多数能够拥有一个比较像样的最低生活的工资方面，人类的创造性所能做到的都已经做了，在第一次世界大战之前，普通的德国农民和工人，虽说不上富裕，而且还要服从非常严格的纪律，但是，和其他任何地方的属于同一阶层的任何其他群体相比，他们在住房、饮食，以及一般的事故防范和老年保障方面所享受的待遇都要好些。

在其他方面，德国被剥夺了它在前50年里所获得的一切，它在亚洲和非洲的殖民地被其他国家瓜分，这些国家所拥有的殖民地已经超出了它们应得的份额，而且已经没有多余的人口到那些殖民地去殖民了。

从政治上说，《凡尔赛和约》可能是一个非常好的文件。从应用地理学的角度来看，它让人对欧洲的未来感到绝望。那些持怀疑态度的中立主义者想送给劳埃德·乔治和已故的克列孟梭先生一本初级地理手册，这恐怕没有什么大错吧。

06 一群生活在尘世天堂里的人

　　法国人固执而且刻意地不对这个星球上的事情产生任何兴趣，哪怕是一点点兴趣也没有，据此，他们是所有国家的人中最自私、最以自我为中心的群体。

　　我们常常听到的针对法国人的大多数指控都是有事实根据的。然而，在第一次世界大战期间堆在他们身上的无限的、确定无疑的赞扬也是如此，因为他们的优点和缺点都是直接来源于他们国家的地理位置。这种地理位置使他们以自我为中心，自我满足，因为他们所占据的位于大西洋和地中海之间的土地是绝对能满足他们自己的需要的。当你在自家后院能找到所有那些气候和景致时，干嘛要跑到国外去变换气候和景色呢？当你坐上几个小时的火车就能从20世纪回到12世纪，或者从一个明媚青翠的城堡国家到一个到处是沙丘和肃穆的松树的极其神秘的地方时，为什么非要跑遍整个地球来研究语言、习惯和习俗的差别呢？当你自己的食物、饮料、床铺和谈话同这个苦难的尘世所能提供的一样好时，当你所生活的那片土地上（信不信由你）的人们能够将菠菜做成一道人类都喜欢的佳肴时，为什么还要费心地带上护照或者信用证，去吃倒胃口的食物，喝酸腐的酒，看冷漠的北方农民们那一张张呆滞古板的脸呢？

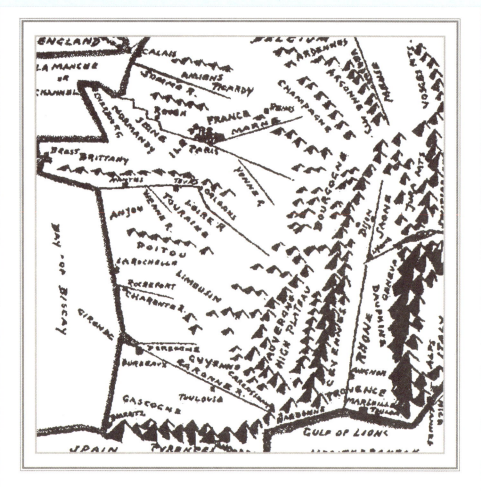

从地图上看，法国由两个分开的部分组成，这两个部分事实上是互不相干的——东南部的罗讷河河谷俯视着地中海、北部和西部倾斜的大平原面向大西洋。

　　当然，一个可怜的瑞士人，如果他除了看见过山之外什么也没有见到过；或者一个可怜的荷兰人，如果他除了一块平坦的绿草地以及草地上几头颜色花白的奶牛外什么也没有。那么，他就必须偶尔到国外走一走，不然的话，他就会无聊得要死。德国人迟早会厌烦那独一无二的美妙音乐加质量较差的香肠三明治的饮食方式。意大利人不能终生靠意大利面条来生活。俄国人一定渴望着偶尔能吃上一顿不用站着排6小时的队去买半磅人造黄油的饭。

但是，法国人这些幸运的家伙，他们生活在尘世的天堂里，在这个天堂里，所有的人不用换车就能拥有一切，因此，他会问你："我为什么要离开我自己的国家呢？"

你可能会回答说，这是一种没有希望的片面的观点，我的法国朋友都错了。我希望我能同意你们的说法，但是，我不得不承认，在许多方面，法国是唯一一个受惠于大自然和它的综合地理环境的国家。

首先，法国有各种各样的气候。它有温和的气候，有炎热的气候，也有中性的气候。法国拥有欧洲最高的山。同时，法国人可以将他们国土上的所有工业中心用运河连接起来，而运河所流过的地方是完全平坦的。如果一个法国人想通过在山坡上滑雪来度过冬季的话，那么他可以搬到位于阿尔卑斯山西部支脉上的萨伏伊的一个村庄里去。要是他喜欢游泳而不喜欢滑雪的话，他所需要做的是买一张票去大西洋边的比亚里茨，或者是去地中海边的戛纳。要是他对男人和女人特别好奇，如果他想看看处于流放中的君主和结束流放生涯即将归位的君主的模样，看看前程远大的男演员以及曾经大红大紫的女演员模样，看看小提琴名家或者钢琴高手的模样，看看那些轻而易举地就能让舞台上几个君王和所有其他伟大的小人物神魂颠倒的舞女的模样，只要他有兴趣，他所需要做的事就是在和平咖啡馆坐下来，为自己点一杯咖啡和奶油，然后就是等。进入世界上各种小报的新闻头条的所有男人、女人或者小孩迟早会经过这里。而且，他们经过这里时不会引起人们特别的注意，因为这样的过程已经进行了差不多15个世纪。国王或者皇帝，甚至是教会的显要人物的出现，就像新生出现在大学校园那样是很普通的事。

就在这里，我们遇到了政治地理的一个无法回答的谜。2000年以前，上空飘扬着共和国三色旗（而且是日日夜夜都在上空飘扬，因为法国人一旦升起了一面旗帜，他们就再也不会把它降下，直到时间和天气将它磨损成无法辨认的碎片为止）的大部分地区是西欧大平原的一部分，而且没有尘世的（也就是说地理上的）理由说明某一天大西洋和地中海之间的大地会成为世界上集权程度最高的国家之一。

有一个地理学派认为，气候和地理的环境在确定人类命运的过程中具有决定性的作用。毫无疑问，它们确实是这样的——有时。相当多的时候则是另一种情况。摩尔人和西班牙人生活在同一块土地上，1200年的太阳光照射在瓜达尔基维尔河谷的强度和1600年的太阳光照射在同一地区的强度是一样的。然而，在1200年，太阳光给这个水果和花卉的天堂所带来的是福音，而在1600年，太阳却将它那可恶的光线照在一片焦干的荒野上，这块荒野上水渠已经破败不堪，杂草丛生。

瑞士人能说4种语言，却仍感到自己只属于一个国家。比利时人只能说两种语言，但相互之间恨之入骨，以至于相互之间把对对方战士坟墓的污辱当成星期天下午固定的消遣。1000多年来，冰岛人在他们的小岛上保持着独立，进行自治，以抵御所有的外来者；而同样住在岛上，爱尔兰人几乎就不知道独立是怎么回事。事情就是如此。不管机器、科学以及各种标准化的进步达到什么程度，就事物的总体系统来说，人的本性总是一种极不稳定、极不可靠的因素，它是许多奇怪的、出人意料的事态发展变化的原因，而世界地图就是这些事态变化的活的证据，法国只是证实我这一观点的实例之一而已。

从政治上看，法国似乎是一个国家。但是，如果你看看地图，你就会发现实际上法国由两个分开的部分组成，这两个部分事实上是互不相干的——东南部的罗讷河河谷俯视着地中海，北部和西部倾斜的大平原面向大西洋。

让我们从这两半中最古老的那一半讲起吧。罗讷河发源于瑞士，它并不是一条非常适宜通航的河流，在它到达利翁湾之前，高度下降了约6000英尺，因此造成了湍急的水流，现代的汽船还没有完全征服这样的急流。

不过，它给古代腓尼基人和希腊人进入欧洲的心脏地带提供了一条方便的通道，因为劳动力——奴隶劳动力——很便宜。船只可以由这些史前的伏尔加河的船夫拖拉着逆流而上，顺流而下则只是几天的工夫。于是，古老的地中海文明恰好就是通过罗讷河谷首次向欧洲的腹地发起攻击的。非常奇怪的是，这一地区的最早商业殖民地马赛（而且至今仍然是法国在地中海地区最重要的港口）并没有直接建在河口，而是建在向东的几英里处（现在它通过一条运河与罗讷河相连）。不管怎么说，它被证明是一个非常明智的选择。因为马赛成为一个非常重要的贸易中心，以至于早在公元前3世纪时，马赛硬币就远远地传到了奥地利的蒂罗尔和巴黎附近的地区。不久，和马赛的北部直接相连的整个地区都把马赛当成自己的首都。

后来，在它的历史中最倒霉的时候，城中的居民遭到来自阿尔卑斯山的野蛮部落的残酷压迫，他们请求罗马人来帮助他们。罗马人来了，而且按照他们的习惯留了下来。沿着罗讷河河口的所有土地都成了罗马人的"行省"，而在历史上扮演过重要角色的"普罗旺斯"这个名字，就默默地证明了是罗马人，而不是腓尼基人和希腊人，认识到了这个肥沃的三角洲的重要性。

但是，我们发现我们自己面对着一个最复杂的地理和历史的问题。普罗旺斯融合了希腊和罗马文明，它有理想的气候，有非常肥沃的土地，它向前面对着地中海，向后则非常便利地通向欧洲中部和北部的平原，它似乎注定要成为罗马理所当然的继承者。它被赋予了各种可能的自然优势，而且手中握有所有的王牌，然而它却打输了。在恺撒和庞培争执期间，普罗旺斯站在了庞培一边，于是，敌对的集团摧毁了马赛城。

然而，这还只是一件小事，因为不久以后，该城市的居民们又在原址

罗马人来了，按照他们的习惯，来了之后就留了下来。

上做起了生意，而在罗马不再能得到安全保护的文学、温文儒雅的举止、艺术和科学，越过利古里亚海，将普罗旺斯变成了一个完全处于蛮族人包围之中的文明孤岛。

当教皇们即使用他们所有的财富和权威也不再能够在台伯河畔的这座城市立足时（中世纪罗马的暴民简直就是一群豺狼，他们和我们自己国家的强盗一样残忍无情），他们将教廷搬到了阿维尼翁，阿维尼翁这座城市之所以出名，是因为这里首次计划大规模地修建桥梁（大多数桥梁现在已葬身河底，但是，在12世纪时，它却是世界上的一个奇迹），而且这里的城堡能够抵御100次的围攻。因此，几乎在整个世纪里，普罗旺斯都是基督教世界领袖的避难所，它的骑士们在十字军东征过程中表现得非常突出，而且一个普罗旺斯贵族家族成为君士坦丁堡的世袭统治者。

当普罗旺斯形成那些可爱的、肥沃的、具有传奇色彩的谷地时，大自然似乎就命定要它担当某种角色。然而，不知什么原因，普罗旺斯从来就没有能够担当起这样的角色。普罗旺斯造就了众多抒情诗人，但是，他们虽然被看成是抒情诗这种文学形式的创始人，而且抒情诗这种文学形式从那时到现在一直都存在于我们的小说、戏剧以及诗歌中，但是，他们从来没有能够把他们那悦耳的普罗旺斯方言奥克语变成全法国的普通话。倒是说奥依语的北方人——正是北方人，他们虽然不享有南方人那样优越的自然条件，然而，他们却建立了法国国家，创立了法兰西民族，并给全世界带来了法兰西文化的多重福音。然而，16世纪以前，没有人能预见到这种变化。因为那时，从南部的比利牛斯山脉到北部的波罗的海之间的整个平原似乎都命中注定要成为巨大的日耳曼帝国的一个部分。这就是自然的变化。但是，由于人对自然的变化不那么感兴趣，因而一切事情都是另一副样子。

对于恺撒时代的罗马人来说，欧洲的这一地区整个都属于远西部。他们称它为高卢，因为居住在那里的是高卢人，是那些属于男女都长着一头金发的神秘种族的人，希腊人将他们统称为凯尔特人。那时，有两种高卢人：一种高卢人住在阿尔卑斯山脉与亚平宁山脉之间的波河地区，很早的时候这些金发的蛮族人就出现在那里，那个地方被称为山南高卢或者山这边的高卢。这就是恺撒有名的孤注一掷，大胆地渡过卢比孔河时所离开的那个高卢。后来，又有了山外高卢，即山那边的高卢，而且这个高卢大约包括了欧洲的其余地区。但是，自从恺撒公元前58—前51年著名的远征之后，它和今天的法国的联系就特别密切。那是一块富饶的土地，可以在这块土地上征税而不会引起当地人过于激烈的反抗，因此，它便成了罗马人集中进行殖民的理想场所。

北部的孚日山脉和南部的汝拉山之间的山口对于一支主要由步兵组成的军队来说，不是太大的障碍。不久，法国大平原上就布满了罗马人的堡垒以及罗马人的村庄、市场、庙宇、监狱、剧院和工厂。塞纳河上有一个小岛，在那里，凯尔特人仍居住在洞穴的房子里，而且把这个小岛称作鲁特西亚，巴黎西人首次攻占这座自然堡垒之后，改名为鲁特西亚·巴黎西，这座小岛成为建造朱庇特神庙的理想场所。这座神庙就矗立在现在的巴黎圣母院的位置上。

由于这个岛屿通过水路直接和英国（公元后头400年间罗马人最有利可

图的一块殖民地）相连，并且是极佳的战略中心，从这里可以监视莱茵河和默兹河之间的动乱地区，因此，它很自然地就成了罗马人管理远西地区的大型机构的主要中心。

有时候，我们感到纳闷：罗马人当时是如何找到通向世界各地的岛屿和大陆的道路的？然而，关于这一点是毫无疑问的——他们一贯有准确地确定正确位置的本能，在这些正确的位置上，他们建造港口、堡垒或者商栈。一个临时的观察人员在巴黎的谷地的雨雾度过了沉闷的6个星期之后，可能会

法兰西的地质结构

问自己："罗马人究竟为什么要选择这个荒凉的地方作为管理他们所有的西部和北部领地的总部呢？"然而，地质学家用一张法国北部的地图就能够告诉我们其中的原因。

数百万年以前，当整个这一地区不断地遭受地震的蹂躏之时，当山脉和谷地像赌桌上的筹码那样被随便抛来抛去之时，4层厚的不同时期的岩石被翻来覆去地挤压，以至于它们逐渐叠加在一起，就像用来讨我们的祖母们欢心的那些中国茶具中的一个个茶碟那样。这些茶碟中最低最大的那个从孚日山脉延伸到布列塔尼，布列塔尼的西部边缘被英吉利海峡的水所淹没。第二个茶碟从洛林延伸到诺曼底海岸。第三个茶碟，即著名的香槟地区，环绕着第四个茶碟。第四个茶碟的合适名称叫"法兰西岛"。这个"岛屿"是一个模糊的圆圈，周围是塞纳河、马恩河、泰韦河、瓦兹河；而巴黎就在正中心。这就意味着安全——几乎是绝对的安全——因为它能最大限度地防范外敌的入侵。因为敌人不得不进攻这些茶碟陡峭的外部边缘，而守军不仅占据非常有利的防御位置，而且万一失败，也能够不慌不忙地撤退到下一个茶碟边缘以得到保护，并且在他们撤退到塞纳河上的小岛之前，他们可能重复4次这样的过程，而且，只要烧毁几条起连接作用的桥梁，小岛就可以变成无法攻取的堡垒。

当然，一个意志非常坚强、装备非常精良的敌对军队要攻取巴黎还是有可能的。但是，其难度极大，最近发生的第一次世界大战已经向我们证明了这一点。将德国人挡在法国首都城外不仅归功于法国人和英国人的英勇，而且还有数百万年前的地理突变的功劳，这种地理突变可能给从东边来犯的侵略者造成各种自然障碍。

法国被迫为自己的民族独立奋斗了差不多10个世纪。大多数国家都必须在4条边界线上进行防卫，然而法国却能够将其所有的力量投入到西部边界的防卫中；这可能就是法国能够早在欧洲任何其他国家之前就已成为高度中央集权的现代国家的原因。

法国的整个西部地区都处在塞文山脉和孚日山脉之间，而大西洋自然而然地形成了许多半岛和谷地，这些半岛和谷地由一些低矮的山脊分隔开来。谷地中最西边的是塞纳河谷地和瓦兹河谷地，它们通过一条自然的通道与比利时诸平原相连。这条通道自古以来就由圣康坦城守卫着，到了现代，它已经变成了一个非常重要的铁路枢纽；同样，它也是1914年德国军队向巴黎进军的过程中所攻击的主要目标之一。

经由奥尔良山口，塞纳河谷地和卢瓦尔河谷地之间的来往就很容易了。因此，这个地区就必定要在法国的历史中发挥非常重要的作用。法国人的民族女英雄就叫奥尔良少女，而巴黎最大的火车站叫奥尔良火车站，就是因为这个城市处在南北之间的关口的地理位置上，因而才有了这两个名字。在中世纪，身着盔甲的骑士们为了夺取这些关隘而战斗。今天，铁路公司也为这些要害地点而争斗。世界在变化，然而，事情往往是，似乎变化得越大，真正留存下来的却越多。

至于联通卢瓦尔河谷地和加龙河谷地的渠道，目前有经由普瓦捷的铁路线。732年，查理·马特就是在普瓦捷附近阻止了摩尔人向欧洲更进一步推进；1356年，黑太子也同样就是在普瓦捷附近全歼了法国军队，以至于法国又一次被英国统治了差不多100年。

至于宽敞的加龙河谷地，其南部是著名的加斯科涅地区，精力充沛的达达尼昂和高贵的国王亨利四世就来自这里。法国的这一地区直接与普罗旺斯以及罗讷河谷相连，其联结的渠道是一片从加龙河畔的图卢兹延伸到纳博讷的谷地，纳博讷过去曾位于地中海边，同时也是所有罗马人在高卢的殖民地中最古老的殖民地。

像所有的史前道路（因为在有文字记录的历史之前这种道路已经被使

用了数千年了）一样，对于某个人来说，道路总是一种收入的来源。敲诈勒索和横征暴敛的现象同人类一样古老。如果你怀疑这样的论断，那么你就去世界上任何地区的任何山口，并留在那附近，直到你确定无疑地找到1000年以前那条道路的最窄处为止。就在那个地方，你会发现，十几个到二十几个城堡所留下的遗迹，如果你知道一些古代文明的知识，那么不同的岩石层会告诉你："分别在公元前50年、600年、800年、1100年、1250年、1350年、1500年，某个强盗贵族在这里为他自己建造了一个堡垒，好让他从所有经过此地的商队手中收取贡物。"

有时，你会很惊奇地发现一座繁荣的城市，而不仅仅是一个废墟。卡尔卡松的塔楼、半月堡、外护墙、棱堡会告诉你，为了抵御所有穷凶极恶的敌人的进攻以获得生存，这样的山口的堡垒必须建造得多么牢固。

法国的大致地貌就介绍到这里。现在让我再补充地说一下人们所居住的这片地中海和大西洋之间的土地的一些大致特点。它们似乎在一件事情上是共同的，即一定的平衡和协调意识。我很想说的是，法国人努力做到"符合逻辑"，如果这个不吉利的词与某种干瘪、愚笨以及迂腐的观念联系得不是那么紧密的话。

的确，法国是欧洲最高峰的所在地。勃朗峰的峰顶现在在法国境内。普通法国人最喜欢的是这样一些东西：默兹河地区、吉耶纳、诺曼底、皮卡迪和谐起伏的山峦；惬意的小河两岸高高的白杨树成行，河上小艇在悠闲地漫游；薄雾笼罩在夜晚的谷地上空，然后华都的画笔将它们变成一幅幅画。法国人知道得最清楚的是那些从未发生过变化的小村庄（这是任何国家最伟大的力量），那些人们居住或者至少试图像50年或者500年以前他们的祖先那样居住过的小城镇，还有10多个世纪以来最好的生活条件与最敏锐的思维方式完美结合的巴黎城。

与第一次世界大战期间强加给我们的那种荒谬的说法不同的是，法国人

一个意志非常坚强、装备非常精良的敌对军队要攻取巴黎还是有可能的。但是，其难度极大，最近发生的第一次世界大战已经向我们证明了这一点。

不是多愁善感的梦想家，而是最聪明最热情的现实主义者。他们双脚平稳地站在这个地球上。他们认识到将只能活一次，70岁是他们所能祈望的寿命。因此，他们努力使自己尽可能地在这个星球上感到舒服，不把时间浪费在对更美好的世界的空想之中。C'est la vie——这就是生活——让我们好好享受它！因为食物是文明人所喜爱的东西，因此对于最穷的人我们也要给他讲授如何做可口的饭菜的知识。因为自从耶稣基督时代起，酒就被看成是一种适合真正的基督徒所饮用的饮料，因此，就让我们酿造最好的酒吧！因为上帝通过其智慧已经看到，应该用许多适合眼睛、耳朵和鼻子的东西来充实这个世界，因此，就让我们不再高傲地拒绝那些神的慷慨给予，而是按照全智的上帝的明确指示去分享它们。因为人在组成群体时的战斗力比在单独行动时的战斗力强，因此，让我们把家庭作为基本的社会单位紧密地团结起来，让家庭为所有成员的幸福与灾祸担负起责任，就像每一个成员为家庭的福与祸担负起责任一样。

这是法国人生活的理想的一面。他们的生活还有另一面，非常令人感到不舒服的一面，然而，这一面却直接就来自于我刚才所列举的那些特性。家庭常常不再是美好的梦，而是成为噩梦。无数掌管着家族的祖父祖母成为阻碍所有进步的绊脚石。为儿子、孙子以及曾孙子而储存的优良习惯演变成了可怕的吝啬、偷窥、诈骗、勒索，以及包括给邻居的救济品在内的生活中的每个必需品上都节省的习惯，而没有了给邻居的救济，那么文明生活真的会变成一种非常单调的经历。

然而，大体上说，普通的法国人似乎都有一定的实际的生活哲学观，这种生活的哲学观使他们以最小的代价获得最大的满足。首先，他们并不是像我们所想象的那样有抱负。他们知道，人生来就不是平等的。法国人勤奋地工作，他们的妻子、女儿、儿子也都工作，是的，整个国家的人们都在工作和节约。他们过着那种他们想过的生活，不想试图过其他人认为他们应当过

巴黎

的那种生活。这种小智慧虽然不会导致发大财，但是，与世界上所有其他地方所鼓吹的成功的教条相比，它能更好地保证人们获得最基本的幸福。

尽管在最近100年时间里，大多数国家的人口都被吸引到了城市，然而，全体法国人中足足有百分之六十的人仍居住在农村；今天的法国是欧洲唯一即使不从国外进口粮食也能抵御长期围困的国家。祖先传下来的经营农田的方法逐渐被改进了的现代科学的方法所取代，当法国农民不再像查理曼大帝和克洛维时代时他们的祖先那样耕种田地时，法国就能完全自给自足了。

一般来说，农民之所以愿意留在土地上，是因为他本人就是土地的所有者。他的农场也许不那么太像一个农场，但那是他自己的。英格兰和东普鲁士是旧世界里农业占很大比重的两个地区，人们不清楚农场的主人是谁，只知道他是住在遥远的地方的地主。但是，法国大革命废除了地主，不管是贵族还是传教士也一并废除，并把他们的财产分给了小农。这对从前的所有者来说往往是非常难受的事情。但是，他们的祖先靠明火执仗地获得了那些财物，因此，这二者又有什么区别呢？而且，这种办法被证明是对整个国家具有很大的好处的。因为它将一半以上的人口的利益与整个国家的福利直接联系起来。像所有其他事情一样，这种做法也有其不利的一面。它可能导致了法国人民族主义意识的膨胀，它可能是造成地方主义的原因，这种地方主义使每个法国人只和本村人交往，即使当他搬到巴黎后也是如此，因此，巴黎到处都是小旅馆，以供那些从地方上来的人群居住，这样的一种情形我们只有在纽约才能看到，那里有专供芝加哥人、卡拉马祖人、弗雷斯诺人，或者来自纽约的霍斯赫德的人居住的旅馆。它也是法国人根本不愿意移居到世界上其他地区的原因，但是，话说回来，当一个人在家乡能够过上完全幸福的生活时，他干嘛要远走异国他乡呢？

接下来谈谈农业。酿酒用的葡萄的种植使为数众多的法国人附着在土地上。整个加龙河谷地都用于葡萄种植，正如地中海边的塞特是出口罗讷河谷著名葡萄酒的港口，波尔多城也是出口波尔多葡萄酒的中心。波尔多城位于加龙河口附近，就在被称为朗德平原的巨大的淤塞平原以北。朗德平原上的牧民会踩高跷，那里的羊群一年四季都可以在野外生活。产自勃艮第的葡萄酒——所谓的金丘——在第戎被集中起来，而那些香槟酒则在法国古老的加冕城市兰斯被收集起来，并被勾兑和分装。

当粮食和葡萄酒不足以维持人口的生计时，工业就出来帮忙了。古老的法国君主们是一群傲慢的低能儿，他们压迫其臣民，把数百万的金钱毫无价值地花在凡尔赛的漂亮女人身上。他们将他们的宫廷建成时尚和文明生活的中心，世界各地的人云集在那里，他们学习优雅的礼仪，了解吃饭与就餐之间的差别。最后一个古代的统治者身首异处、被扔进巴黎的一个公共墓地里的生石灰堆中已经一个半世纪了，即使是在一个半世纪后的今天，巴黎仍然指导着世界其他地区的人们穿什么以及如何穿。为欧洲和美国提供那些不可缺少的奢侈品的工业集中在"法兰西岛"的周围，并为数百万妇女和小姑娘提供就业。比起那些纯粹的必需品来，大多数人更喜欢奢侈品。里维埃纳的一望无际的花圃就是以6～10美元一瓶的价格（是一种非常小的瓶子，但是这就是我们做出明智的决定，对所有那些我们自己不能生产的东西征税的原因）流入到我国大多数香水店里香水的原产地。

后来，在法国的土地上发现了煤矿和铁矿，皮卡迪和阿图瓦因那些大堆大堆的煤灰和矿渣而变成黄褐色，显得丑陋不堪；而那些煤灰和矿渣曾在蒙斯之战中发挥了重大作用，在蒙斯之战中，英军试图阻止德国军队进入巴黎。洛林成为制铁工业的中心，中部高原产钢。当战争结束后，法国人急急忙忙吞并了能够给他们生产更多钢材的阿尔萨斯，在过去德国人统治的50年间，阿尔萨斯已经侧重发展纺织业了。最近这些年的发展结果是，今天四分之一的法国人都在从事工业生产，而且，他们可以自豪地夸耀说，他们的工业城市从外表上看完全和英国的城市或者我们自己国家的城市一样可怕、一样丑陋、一样冷酷。

形成中的煤

07 斯堪的纳维亚半岛上的居民

　　生活在童话般幸福世界里的中世纪的人们，他们确切地知道斯堪的纳维亚半岛是如何变成它的那个古怪形状的。在上帝完成了他的创造世界的工作之后，魔鬼走过来看看他在这长长的7天时间都在干些什么。当魔鬼看到我们的星球首次出现朝气蓬勃的景象时，他大发脾气，盛怒之下，他搬起一块大石头，对着人类的新家园砸去。这块石头落在北冰洋，就变成了斯堪的纳维亚半岛。这个半岛非常贫瘠寒冷，似乎完全不适合人类生活。但是，上帝记得他在塑造其他大陆时，曾留下了一小块肥沃的土地，于是，他便把这些剩余的土地撒在挪威和瑞典的山脉上。当然，肥沃的泥土不够分配，这也就是为什么这两个国家的大部分地区总是有巨怪、土地神、狼人出没的原因，因为没有人指望能在这样一块贫瘠的土地上生存。

　　现代人也有他们自己的神话，然而那是一种建立在某些能够亲眼观察的事实基础上的科学神话。根据地质学家的理论，斯堪的纳维亚半岛是一个非常古老和庞大的大陆的残余部分，早在煤炭形成以前，这块大陆就从欧洲穿过北冰洋，一直延伸到美洲。

　　当然，我们知道，目前我们大陆的这种分布状况是在最近才形成的——大陆似乎一直都在移动中，就像漂浮在池塘中的叶子一样，而现在因海洋而彼此分开的这几块大陆，从前是一整块陆地。当挪威和瑞典所在的大陆消失的时候，只有最东部的山岭——斯堪的纳维亚半岛的山岭——仍然露出水面，冰岛、法罗群岛、设得兰群岛和苏格兰岛都是这样。其余部分现在在北冰洋的底部。也许某一天角色会颠倒过来，那时，北冰洋会成为旱地，而瑞典和挪威会变成鲸鱼和小型鱼类栖息的场所。

山区贫瘠的土地

挪威人似乎并不会因为他们本国所面临的这种威胁而夜不能寐。他们担心其他的事情。比如说，继续生存的问题，当你记得在挪威只有不足百分之四的国土面积（4000平方英里）能够被用于农业生产时，你就会懂得生存问题绝不是一个简单的问题。瑞典稍微好一点，它有百分之十的面积可以用于农业生产，但是，即便如此，那也不是很多。

当然，他们也获得了一些补偿。瑞典一半的国土被森林覆盖，挪威有四分之一的国土覆盖着松树和冷杉。这些森林被慢慢砍伐着，但是，他们的伐木业并不是像我们的那样具有毁灭性，而是尽可能地按照最科学的方式进行运作，因为无论是瑞典人还是挪威人都知道，他们的国家将永远不适宜发展普通的农业。这一过失是由冰川造成的，冰川从前曾经覆盖了从北角至林讷角的整个半岛。这些冰川将坚硬的山坡上的土壤都刮了下来，就像猎犬舔盘子那样干净彻底。它们不仅将山上好不容易才累积起来的泥土（需要几百万年的时间才能积累足量的泥土来覆盖如此大片的土地）刨下来，而且还将它们带走，并堆放在我在关于德国的那一章中告诉过你们的北欧大平原的各处。

4000年以前在亚洲人对欧洲大规模入侵中走在前面的侦察人员一定了解这一情况。当他们最后渡过波罗的海时，他们发现斯堪的纳维亚半岛上居住着一些具有芬兰血统的牧民。这些牧民很容易地就被驱赶回了拉普兰北部的居住地。但是，当这些牧民被赶走之后，新的移民又如何生存呢？

有几种生存的办法。首先，他们可以出去捕鱼。如果挪威的海岸像荷兰或者丹麦那样呈一条直线的话，那么它那无数的海湾和峡湾将使它的海岸线的长度几乎变成它呈直线海岸时的6倍长，不过，挪威的海湾和峡湾其实只是冰川在向海洋移动的过程中在岩石中刨的一些深沟。挪威人现在仍在捕鱼。墨西哥暖流保证了所有的港口都全年开放，即使是远在北方的哈默弗斯特也是如此。鳕鱼似乎喜欢在冰凉干净的北冰洋水体里产卵，罗弗敦群岛的那些角落和裂缝就在这些水体的边缘上，它们为10万多渔民提供了工作机会，并且也为同样多的从事罐头制作的人提供了工作机会，这些人将拖捞船捕捞上岸的东西制成罐头。

其次，如果你不喜欢捕鱼，那么你可以当海盗。整个挪威沿岸分布着一系列岛屿和小岛，其面积占国土表面积的百分之七，它们被一系列错综复杂的海峡、沙滩、海湾、地峡分开，以至于一艘从斯塔万格开往瓦尔多的轮船需要两名领航员每隔6小时轮换领航。

中世纪时没有信标、浮标和灯塔（林讷角是挪威海岸最古老的灯塔，即使这样的灯塔也是近时期才出现的），外来人很难进入这个危险的海岸的12海里以内。尽管罗弗敦群岛的两个岛屿之间著名的大旋涡的传说已经被极度

挪威

地夸大了，但是，如果没有至少6个当地人带路的话，没有经验的船长是不敢进入这个迷宫般的水域之中的。因此，那些海盗就把他们自己所熟悉的峡湾作为他们活动的基地，他们知道，只要他们处在从山上看得见的视线范围之内，并能充分利用这个自然优势，那么他们就没有什么可害怕的了。他们对船只和作战技术进行了改进，他们甚至还胆敢将劫掠的范围向外扩大到英格兰、爱尔兰和荷兰一带的海域。一旦他们发现了通往这些相对就近地区的路，他们就会逐渐扩大他们的航程，到后来，每当一些回来的商人报告说他们在附近的某个地方看到过北欧海盗船上的龙时，法国人、西班牙人、意大利人以及在遥远地方的君士坦丁堡人都开始感到不舒服。

在9世纪早期，他们对巴黎的劫掠有不下3次。他们溯莱茵河而上，深入到科隆和美因茨地区。至于英格兰，挪威人的不同部落为争夺这个国家相互之间打仗，就像今天的欧洲国家为了某一块诱人的产油地相互发动战争一样。

大约在冰岛被发现的同时，挪威人建立了第一个俄罗斯国家，并且统治了这个国家差不多有整整7个世纪。后来，他们组织了一个有200条船（在必要的时候小船可以被扛上陆地）的抢劫远征队从波罗的海航行到黑海，引起了君士坦丁堡的极度恐慌，以至于东罗马帝国皇帝急忙把这些野蛮人纳入到他的帐下，让他们做特殊的贴身侍卫。

从西部进入地中海之后，他们在西西里以及西班牙、意大利和非洲沿岸定居下来，并且为罗马教皇对世界其他地区的战争做出了最宝贵的贡献。

这个古代斯堪的纳维亚国家的所有荣耀后来又怎么样了呢？

今天所剩下的是非常受人崇敬的小王国，这个王国捕捞并出口大量的鱼，从事转口贸易，他们还把人们应该说什么语言作为政治问题来进行激烈的争论——只要挪威当局不那么习惯性地每两三年更改一次他们最重要的城市以及火车站的名字，那么这样的争吵一般是不会引起世界的注意的。

至于挪威的那些城市，它们大多数都只是扩大了的村庄而已，在这些村子里人们相互间了如指掌。特隆赫姆（以前的尼达罗斯，后来的特隆赫姆）是过去挪威王国的首都，它有优良的港口，一旦北冰洋结冰，那么特隆赫姆就成为大量的瑞典木材运往世界各地的起运港。

现在的首都奥斯陆就建在一个已经被烧毁了的非常古老的挪威居民点的废墟附近，它是由丹麦国王克里斯蒂安四世所建，因而在挪威人决定清除他们语言中所有丹麦的印记之前一直被称为克里斯蒂安尼亚。奥斯陆位于奥斯陆湾的顶部，那儿是挪威最富庶的农业区，奥斯陆湾连通着斯卡格拉克海峡，斯卡格拉克海峡是一条宽阔的海峡，它将挪威与丹麦分开，它实际上是大西洋的岔湾。

71

像斯塔万格、奥勒松或者克里斯蒂安松这样的城市只有在9点钟轮船的汽笛声拉响时才会活跃起来。卑尔根过去是满足整个挪威沿岸商业需要的商业同业公会汉萨同盟的所在地，它现在通过铁路与奥斯陆联结起来。特隆赫姆也通过一条铁路支线连通瑞典的波罗的海沿岸。再往北上，在北极圈更北的地方有纳尔维克，它是运送从拉普兰来的瑞典铁矿石的港口。在特罗姆瑟和哈默弗斯特这两座城市时刻都散发着鱼的腥味。这些名字之所以出现在这里，是因为你很少会发现人们在70度纬度时还能舒服地生活的情况。

那是一块奇怪的土地。那是一块生活艰难的土地——这块土地将它的成千上万的儿女赶出海岸，让他们各自尽自己的能力去谋生，然而却还能以某种方法设法留住他们的爱与忠诚。如果有机会，你可以驾一条船向北航行。你会发现，到处都是一样。某个荒凉的小村庄附着在一小块仅够一只山羊吃的草地边上，有五六栋房子，几条破破烂烂的船，一个星期一班的轮船到来时，人们哭了，因为他们又看到轮船了——因为那就是家——因为那是他们的家——因为那是他们血和肉的一部分。

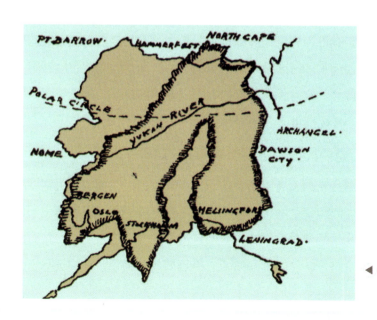

墨西哥湾
暖流的杰作

人类国际联谊会是一个高贵的梦。

在博德或者瓦尔多则是一番奇怪的景象，即使坐上10天的轮船也到不了任何地方。

瑞典是一个与挪威有很大不同的国家，它位于斯堪的纳维亚山脉的另一边，斯堪的纳维亚山脉是在北极大高原被大西洋海水淹没之后剩余的部分。人们常常会感到奇怪，为什么这两个国家不能形成一个国家呢？那将意味着节省大笔管理费用。从理论上说，这样的一种安排看起来非常具有可行性。然而，它们的地理背景使得这种安排是不可能实现的。因为，虽然挪威由于墨西哥暖流的影响而享受到多雨少雪的温和气候（在卑尔根，马如果看到一个人没有打伞或者没有穿雨衣的话，是会受惊的），但是，瑞典却是大陆性气候，冬季漫长而寒冷，而且会下大雪。挪威有伸入内地达数英里的深海湾，而瑞典的海岸地势低，几乎没有什么天然港口，只有卡特加特海峡旁的哥德堡的重要性值得一提。挪威自己没有原料，而瑞典拥有全世界最宝贵的矿石贮藏地。不幸的是，煤的缺乏仍在迫使瑞典出口大量的矿石给德国和法国，但是，在最近20年里，对许多重要瀑布的利用已经使瑞典不断摆脱对煤的依赖，而覆盖了这个王国大部分地区的森林给瑞典的火柴托拉斯创造了巨大的财富，同时也使它的造纸厂闻名遐迩。

像挪威人和丹麦人一样（可以说像除了或许是英国血统之外的所有具有日耳曼血统的国家一样），瑞典人非常相信人类智慧的潜力。因此，它的科学家们拥有自由的空间，结果，它的化学家发现并开发出了大量的由食品工业所带来的副产品，这些副产品如果不开发出来的话，就会白白浪费掉，比如赛璐珞、人造丝等。它的农业尽管比挪威的发达得多，但是，却受到不利气候条件的影响，这种不利的气候条件是由于瑞典位于高大山脉的寒冷暴露的一面所造成的，这个高大山脉将斯堪的纳维亚半岛截然分成两半。这也许是为什么人们非常喜欢花的原因之一。冬季非常漫长而且黑暗，因此，每一个瑞典家庭都试图用鲜花和绿色灌木来保持房间的色彩。

瑞典在很多其他方面也与挪威不同。在挪威，古代的封建制度因黑死病——中世纪晚期的一种可怕的瘟疫，这种瘟疫使斯堪的纳维亚人所有更进一步扩张的野心和行动突然停顿了下来。另一方面，在瑞典，大土地所有制的继续存在使这个国家的贵族阶级一直维持到现在。虽然这个国家现在是由社会主义的政府所统治（像所有欧洲其他国家的大多数政府那样），但是斯德哥尔摩仍然是一个具有贵族政治背景的城市，这与奥斯陆以及哥本哈根形成鲜明对照，在奥斯陆和哥本哈根，最基本的民主得到坚决的维护，就像温文儒雅的礼仪在瑞典首都得到遵循一样。

也许这种变化也是瑞典奇怪的地理位置所造成的直接结果。因为挪威面临大西洋，而瑞典则基本上是一个朝向内陆海的国家，它的整个经济发展以及它的历史都和波罗的海地区的经济和历史交织在一起。

只要斯堪的纳维亚半岛仍然是一个只有一半地区有人居住的荒野，那么西部的挪威人和东部的挪威人之间就没有多大的选择余地。在外人看来，他们都是挪威人，而且那句有名的古老祈祷文说："上帝，把我们从狂暴的挪威人手中解救出来吧。"当这句祈祷文被吟唱时，并没有特别说明卑贱的哀求者心中所指的是哪一种挪威人。

但是，10世纪之后，情况就发生了变化。那时北部斯韦阿兰地区的瑞典人和南部或者哥塔兰的哥特人之间发生了一场大规模的激烈的内战，当时斯韦阿兰的首都位于梅拉伦湖畔，而梅拉伦湖畔就是现代首都斯德哥尔摩所在地。他们是有着密切亲缘关系的两个部落，他们在同样的圣地上帝之城附近敬奉他们各自的神灵，上帝之城就建在今天的乌普萨拉城的位置，乌普萨拉是北欧最古老最重要的大学城。这些纷争持续了两个多世纪，极大地加强了贵族阶级的地位，而同时也削弱了国王的地位。在这个期间，基督教也传入了斯堪的纳维亚半岛，而牧师和修士们碰巧站在贵族的一边（在大多数国家情况刚好相反），到最后瑞典的君主变得非常懦弱，以至于在一个半世纪里不得不服从丹麦的统治。

在1520年时，发生了一个有辱人类历史的最可怕最不可饶恕的谋杀事件，当西方世界听说这个事件之后感到震惊，而在此之前，欧洲差不多已经忘记了瑞典的存在。就在那一年，丹麦国王克里斯蒂安二世邀请瑞典贵族中的头面人物出席一个盛大的宴会——那是一种彻底解决国王与他心爱的瑞典臣民之间深层次矛盾的友好聚餐。在宴会结束时，所有的客人都被抓了起来，他们不是被砍了头就是被淹死。只有一个重要人物逃掉了，那就是古斯塔夫。他是一个叫埃里克·瓦萨的人的儿子，埃里克·瓦萨几年以前被这同一个国王克里斯蒂安下令砍了头。当时古斯塔夫逃到了德国。当他听到大屠杀的消息后，就回到了他的故乡，通过在古代的自耕农中发动革命，他最终将丹麦人赶回了他们自己的国家，随后，他自己被加冕为瑞典国王。

那是在特殊时期瑞典在国内外从事冒险活动的开始，这种冒险活动不仅使瑞典这块小而且贫穷的土地成为欧洲新教事业的卫士，而且把瑞典变成了抵抗不断加剧的斯拉夫人侵略的最后堡垒。因为，俄罗斯人在默默无闻中度过几个世纪之后，终于走上了战争之路，开始了著名的向海洋进军，时至今日，这样的进军仍未停止。

显然，瑞典是唯一认识到这种威胁的国家。在整整两个世纪的时间里，它所有的精力都集中于一个目标——约束俄罗斯并将它赶出波罗的海。当然，最终瑞典是要失败的。这种争斗完全掏空了它的国库，而且也只是使俄罗斯人推进的步伐迟滞了几十年。当硝烟散尽时，瑞典，这个曾经拥有波罗的海沿岸大部分地区的国家，这个曾经统治芬兰（Finland）、印格尔曼兰（就是现在的列宁格勒州）、爱沙尼亚、利弗兰、波美拉尼亚的国家，被削弱成一个二等王国，其面积为17.3万平方英里（其面积大小在亚利桑那州和得克萨斯州之间），人口比纽约城的人口稍少一点（瑞典有6141671人，而纽约城有

看看北冰洋，这就是它的全貌。

6930446人）。

瑞典有一半的国土仍被森林覆盖，这反过来又满足了欧洲大陆差不多一半地区的木材需求。冬季将这些树木砍下来，然后就堆在附近，一直到开春。然后将这些树木从雪地上拖到附近的河边，将树木推到峡谷中。当夏季来临的时候，内陆山区的冰开始解冻，那么河流就变成了急流，急流就将这些木材冲到山谷中。

同样就是这条迄今一直起铁路作用的河流现在变成了锯木厂的能源，这些锯木厂得到这些木材后，将它们加工成各种想要的东西，从火柴棍到4英寸的厚木板都可以加工出来。这时，波罗的海的冰消退了，船只又可以开到西海岸的各个地区，而这个时候的木制成品除了伐木工人和锯木厂工人的工资开销外，成本非常低，现在这些成本低廉的成品用轮船来运输，如果时间不是太重要的话，那么这些轮船又能够继续为我们提供最廉价的交通运输。

这些船只有双重的用途。除非它们能够捎带一些返程的货物，否则它们就不得不空船回家。当然，它们对这些返程货物的运费不能索价太高，结果，瑞典就以非常合理的运费得到了大多数进口产品。

运输铁矿石时也采用同样的方式，瑞典铁矿石的质量非常好，即使是在那些自己有矿石矿床的国家需求也很旺盛。瑞典作为一个宽度不足250英里的国家，相对来说，要到海岸上去总是很容易的。在瑞典北部，在靠近基律纳和耶利瓦勒的拉普兰地区，有贮藏量非常大的铁矿矿床，由于某种神秘的原因，大自然把这些矿床以几个低矮的山脉的形式就堆放在那里的地表层。夏季的时候，铁矿石被运往波的尼亚湾（波罗的海的北部）沿岸的吕勒奥，在冬季，当吕勒奥封冻之后，铁矿石就被运往挪威的纳尔维克，由于墨西哥暖流的影响，纳尔维克全年都处于开放状态。

在离这些铁矿矿床不远的地方是瑞典的最高山凯布讷尔山（Kebnekaise，差不多7000英尺高），那里还有一个欧洲最重要的发电厂。虽然发电厂完全建在北极圈以内，但是，由于电力几乎不受地理纬度的影响，因此，这个电厂能够以非常小的成本供应铁路和露天矿山开采机器所需的电力。

瑞典的南部得到了北方冰川所携带来的少许土壤，当然，这里也就成为整个斯堪的纳维亚半岛最肥沃的地区，因而也是人口最稠密的地区。这个地区有许多湖泊，实际上，瑞典是仅次于芬兰的世界上"湖泊最多"的国家，14000平方英里的面积都被水所覆盖。通过将这些湖泊与运河联结起来，瑞典人已经为整个国家提供了廉价的交通方式，不仅极大地便利了像北雪平这样的工业中心，而且极大地便利了那些海港，其中，哥德堡和马尔默是两个最重要的海港。

在有些国家里，人要服从大自然的支配，从而变成了大自然可怜的奴隶。在另一些国家里，人完全毁坏了大自然，以至于完全和这个伟大的活生生的母亲失去了联系，而这个母亲在所有事情上永远都是善始善终的。最后，还有一些国家的人和大自然学会了相互理解、相互感恩，为了共同的利益，他们同意相互妥协。年轻人，如果你想看看后面的例子，那么，到北方去吧，去看看那3个斯堪的纳维亚国家。

08 童话王国的前生

从其辉煌的古代帝国时候起，丹麦就已经保有着几块土地，其中就包括第六大洲格陵兰岛，这块土地似乎蕴藏着珍贵的矿产资源（铁、锌和石墨），但这些资源全部都被冰川所覆盖（整个格陵兰岛只有大约三十分之一的面积是没有冰川的），以至于这个岛对于任何人来说都没有任何价值，除非地球稍微偏移一点点，让格陵兰岛上再次出现热带气候，那里几百万年以前一定是盛行热带气候，这是我们根据所发现的几处大型煤田推断出来的结论。

丹麦其他的殖民地有法罗群岛（按字面意义讲是绵羊岛），它位于设得兰群岛以北200英里处，人口大约2万，首府叫托尔斯豪恩，哈得孙就是从那里开始冲越大海来到曼哈顿的。其次就是冰岛，一个特别有趣的国家。冰岛之所以有趣，不仅是因为它具有火山岛的性质，而且还因为它的政治变化，而它的火山岛性质使它成为各种奇怪现象的真正的储存库，我们常常把这些奇怪的现象与来自古老的伍尔坎炉灶的神秘的火焰联系起来。它是我们这个星球上最古老的共和国，据记载，它的自治政府比我们的早大约8个世纪，而且一直延续到今天，其中只有几次短暂的中断。

这个岛的第一批移民是来自挪威的避难者，他们在9世纪时一路找到了这个遥远的地方。

格陵兰岛

　　在冰岛的全部4万平方英里的面积中有5000平方英里终年被冰川和雪原所覆盖，只有十四分之一的岛屿是真正适合农业生产的。那里的生活条件比在祖国的好得多，以至于到9世纪初时，在4000多个宅基地上已经有自由和独立的农民居住。而这些人由于实际上还继续保留着所有早期日耳曼部落的习俗，因此建立了一种松散形式的自治政府。这个政府由一个"阿尔庭"构成——一种不同地区的"事务"或者"会议"的集中（它和我们的"会议"是真正的同一个词）。这种阿尔庭每年仲夏时分举行一次，地点是在一个被称为辛格维尔的巨大火山平原上，这个平原离目前的首都雷克雅未克约有7英里之遥，雷克雅未克只有100年的历史。

　　在独立生存的头两个世纪里，冰岛人焕发出了巨大的力量，他们所创作的一些传奇故事是所有的故事中最精彩的；他们还发现了格陵兰岛和美洲（比哥伦布早5个世纪），使这个冬季里白天只有4小时的北方岛屿成为比母国本身更重要的文明中心。

　　在13世纪，冰岛被挪威人所征服，而当挪威成为丹麦的一部分时，冰岛也随之归属于丹麦。丹麦人完全忽略了这个岛屿，于是，从此以后，这个岛

冰岛

屿就任凭法国人甚至是阿尔及利亚海盗所摆布。到最后，所有过去的繁华烟消云散，野蛮时期的文学和建筑被遗忘，贵族和自由民古老的木头建筑物正在被泥炭做成的棚屋所取代。

然而，从19世纪中期起，一些古老的繁华又得到了恢复，随之而来的是，要求独立的呼声又重新响起。今天冰岛又一次像11个世纪以前那样成为自己的主人，尽管从外表上看它仍把丹麦的国王当作自己的君主。这个岛上最大的城市雷克雅未克拥有的居民虽然仍不足1万人，但是它已是一所大学的所在地。岛上居民的总数不超过10万人，但是他们已经有了自己优秀的文学作品。这里没有村庄，只有孤零零的农场，在农场里孩子们接受教育，他们受到巡回授课教师的良好教育。

总的来说，这是世界上最有趣的一个小角落。像许多其他小国家一样，这个国家表现出了智慧在与不利的外部环境做斗争的过程中不断取得成就。冰岛的确不是人间天堂。虽然冬天不是太冷，其原因是由于有墨西哥暖流的一个支流经过，然而，夏天却太短，以至于不能种植粮食或者水果，而且，这里一年四季都下雨。

在29座火山中，最著名的是海克拉火山，自从有历史记载以来，该火山已经爆发了28次。这29座火山给整个岛屿铺上了大片大片的熔岩，其中有些熔岩的面积有1000多平方英里那么大。地震有时毁坏数百个农场，巨大的裂缝或者凹陷常常穿过坚硬的熔岩层，绵延数英里；含有硫化物的泉水以及有滚烫泥浆的湖水，使岛上的旅行成为一件相当复杂的事情。让冰岛闻名于世的间歇泉或者热水自喷井与其说是一种危险的东西，倒不如说是有趣的事物，因为虽然其中的一个间歇泉，即著名的大间歇泉，所喷出的沸水的高度有时高达100英尺，但是，这些间歇泉的活动在逐渐减少。

然而，人们不仅居住在冰岛上，而且希望继续在那里生活。在最近的60年时间里，2万多人已经移居美洲，主要是去了马尼托巴。但是，他们中有许多人又回到了故里。这里下雨，而且这里让人感到不舒服，然而，这里是家。

冰雪覆盖了什么

09 建在北海岸边湿地上的国家

　　"Netherlands" 一词只用于非常正式的场合，它的意思和其内涵完全一样，指的是那些低于海平面2～16英尺的低洼地区。如果再出现一次像史前那样规模的大洪水，那么，阿姆斯特丹和鹿特丹以及所有最重要的城市都会从地面上消失。

　　但是这个国家的这种明显的自然缺陷也是它最伟大力量的源泉。因为人是没有能力控制这个建在北海沿岸的这些湿地上的国家的，因此，在他们能够控制这个国家之前，他们不得不创建它，在这场力量悬殊的人类智慧与大自然无情的力量之间的争斗中，荷兰人取得了成功。大自然教会他们要努力，同时也要小心。在这个我们碰巧降生的世界里，这些品质不是没有价值的。

　　当罗马人来到欧洲的这个遥远而且偏僻的地区的时候（大约在公元前50年，他们来到这里），整个地区都是沼泽和湿地，这些沼泽和湿地因受到一排狭长的沙丘的保护而免遭北海的危害。这排沙丘从比利时一直延伸到丹麦。这些沙丘被许多河流和小溪没有规律性地截成一段段的。这些河流中最重要的有莱茵河、默兹河以及斯海尔德河。由于这3条河流完全自由行动，不受任何堤坝的约束，因此它们为所欲为，每年春天它们都改变流向，在以前没有岛屿的地方制造出一些岛屿来，并将看起来像曼哈顿岛那样坚硬的大片泥土冲走。我说的这些并非

风车——
荷兰的标志

夸大其词。在13世纪时有一次灾难让人难以忘怀，70个村庄和差不多10万人在一夜之间就消失得无影无踪。

　　和他们的那些生活在坚实土地上的佛莱芒人邻居相比，这些早期的荷兰人过着一种非常悲惨的生活。但是，一种神秘的变化，这种变化不管是在水温方面，还是在波罗的海的盐度方面，都给了他们机会。有一天，完全是出乎意料的，一种名叫鲱鱼的鱼从波罗的海游到了北海。在那个欧洲所有人都不得不在星期五吃鱼的时代，在那个鱼作为人类的主食其重要性远远大于今天的鱼的时代，这对许多波罗的海的城市来说就意味着灭顶之灾，同时也意味着相应的一些荷兰城镇的突然崛起，这些荷兰城镇现在已经开始为南欧供应干鱼，而这种干鱼后来取代了我们今天的罐装产品。随着鲱鱼渔业而来的是粮食贸易，随着粮食贸易的出现，又产生了与印度香料群岛的商业。这里面没有什么特别的，那不过是一个商业国家的正常发展而已。

然而，命运却不会考虑各种实际的因素，哈布斯堡帝国将在低地的国家统统并入自己的版图，并命令这些精力充沛的渔夫和农民，对脾气坏的哈布斯堡军官的命令必须服从。一场长达80年的荷兰独立战争爆发了，以低地国家居民的完全胜利而告终。

新建国家的统治者是一些讲求实际的人，他们忠实地坚持自己生存也让别人生存的原则，尤其是当事情对他们来说有利可图时更是如此。当独立战争结束时，有100万人居住在小城市，这些小城市建在一些从前的湖泊和内陆海的底部，这些人勇敢地担当起领导欧洲和亚洲的责任，并将这种地位保持了3个世纪。

后来，他们又投资——为他们自己购买大量的国家土地、外国名画（当然这些画总是比国内的才子们所画的画好得多），并过着养尊处优的日子。他们尽可能地让他们的邻居忘记他们的钱的来路，很快收入也就没有了。因为在这个世界上没有什么东西是静止不动的，尤其是我们所有人的精力。那些不努力抓住他们所得到的东西的人会很快失去所有的东西，观念是这样，金钱也是这样的。

19世纪初，末日来临。拿破仑这个只知道赢得作战胜利所需的那么多地理知识的人宣称，由于低地国家只是由莱茵河、默兹河和斯海尔德河这3条法国河流形成的三角洲，因此，按照地理上的继承关系，这个国家属于法兰西帝国。一张纸的底部潦草写着的大N字让整整3个世纪的辛苦打拼化为乌有，荷兰从地图上消失，成为法国的一个省。

然而，1815年，这个国家重新获得了独立，并恢复了运转。殖民所得到的遗产是获得了原来的祖国62倍大的国土面积，这使得阿姆斯特丹和鹿特丹这样的城市非常成功地保住了印度产品发送中心的地位。荷兰从来没有成为工业国家，它除了在南端有一点质量很差的煤矿外，没有其他原料。因此，它给殖民地提供的产品不超过殖民地全部进口产品的百分之六。但是，在爪

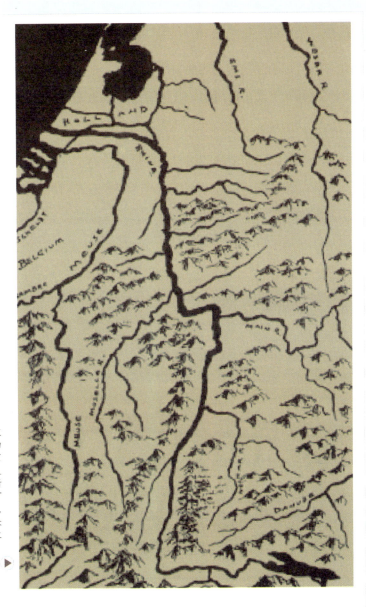

拿破仑这个只知道赢得作战胜利所需要的那么多地理知识的人宣称，由于低地国家只是由莱茵河、默兹河和斯海尔德河这3条法国河流形成的三角洲，因此，按照地理上的继承关系，这个国家属于法兰西帝国。

哇、苏门答腊岛、摩鹿加群岛、婆罗洲、西里伯斯岛的茶叶、咖啡、橡胶、奎宁种植园需要大量的资金。这样的状况就奠定了阿姆斯特丹证券交易所的领导地位，凸显了阿姆斯特丹作为人们和国家贷款场所的重要性。而所有商品需要从欧洲运进运出的这种必要性，使得荷兰有可能在国家吨位名册中保持第五的位置。

荷兰用于国内贸易的船只的吨位比其他任何国家都要多。这个国家到处都有便利的航道，运河船是铁路最具威胁的竞争对手。

这些运河中有很多实际上是排水沟，因为这个王国四分之一的国土根本不是陆地，用通俗的话说，仅仅是一片通过人们不断地劳动从鱼类和海豹那里收回的海底，而且人们还通过人工的方式以及长期的防范措施来使这片海底保持干燥，从1450年起，这个国家通过排干沼泽的积水以及变湖为"圩田"的方式使国土面积增加了几千平方英里。

围湖造田

有些圩田面积非常大，可以供多达2万人居住。如果须德海（今艾瑟尔湖）被排干的话（既然每个国家都处于破产边缘的话，那么这项工程可能被证明代价有点太大），那么将可以为至少10多万人提供生活的空间。由于这个国家整整四分之一的领土都是这样的圩田，你就会很容易理解荷兰的管理河流、运河以及堤坝的政府部门每年的开支比任何其他政府部门的都要多是怎么回事了。

这个国家的这种低洼地区非常肥沃，与此形成奇怪对照的是，东部的高地对任何人都没有什么用处。在莱茵河、默兹河以及斯海尔德河的大湿地三角洲形成之前，中欧平原就是通过东部高地与

▲ 水闸

海相接的。几千年来，北欧冰川所携带的大小砾石都堆积在这里。这里的土壤在某些方面像新英格兰的土壤，只是它的土壤比新英格兰的含沙量要高得多，而且它还给荷兰王国的统计数据带来了奇怪的变化。这种变化就是，承认这个人口密度为每平方英里625人（法国有191人，俄国有17人）的国家里超过全部国土面积的百分之二十五的地区是"基本上无生产收益的地区"。（在法国比例小于百分之十五，在德国比例小于百分之九。）

东部和西部之间、肥沃地区与不肥沃地区之间这种奇怪而且明显的分界线也使正好在圩田中心的一个小三角地带上出现了一些比较重要的城市。阿姆斯特丹、哈勒姆、莱顿、海牙、代尔夫特、鹿特丹这些城市互相间挨得很近，以至于实际上形成了一个大的城市，所有这些城市都在那些起保护作用的著名的沙丘壁垒的附近。在沙丘的脚下，3个世纪以前的荷兰人开始培育并改进一种被称为"郁金香"的漂亮的小球茎花，这种花是由他们的商人从

在一片注定要给你造成破坏的水域周围建造一个堤坝、在这个堤坝的外围挖一条宽而深的沟渠，将这条沟渠与附近的河流连接起来，通过一种复杂的水闸设施可以将沟渠中每天多余的水排入河流中。

波斯和亚美尼亚带回来的。

　　雅典城只有8个纽约街区那么大。而任何一辆呼哧作响的老爷车都可以在几小时之内将你从荷兰的一端送到另一端。然而，这块位于莱茵河、北海以及须德海之间的狭长地区对我们的整个艺术和科学所做出的贡献仅次于阿提卡地区，其贡献比任何其他类似的面积微小的地区所做的贡献都要多。雅典是建在贫瘠的岩石上的国家，而荷兰则是建在被水浸泡的沼泽上的国家。然而，当它们突然一举成名之时，它们在两件事情上是相同的——国际商业上优越的地理位置，以及旺盛的精力和精神上的求知欲，从它们不得不进行战斗不然就要灭亡的那个时候起，它们就具备了这些东西。而它们的荣耀就是来自这些。

10 地理位置分不清归属的俄国

从地理角度来说，俄罗斯占据了我们星球全部陆地的七分之一的面积，它几乎是整个欧洲的两倍，是美国国土面积的3倍，它的人口有4个欧洲最大国家的人口加起来那么多。然而，我们在蒙罗维亚和亚的斯亚贝巴都有一个公使，但在莫斯科却没有。

这里面一定有原因。从外表上看，这个原因是政治方面的，实际上，它的起因无疑是地理方面的，因为与我所能想到的任何其他国家相比，俄罗斯国家更像是自然环境的产物。它从来就没有能够下定决心到底是成为欧洲的一部分还是成为亚洲的一部分。这种情感的混合导致了文明的冲突，而这种文明的冲突又造成了当前的局势。所有这一切我希望能借助一张非常简单的地图来弄清楚。

但是，首先让我们试图回答一个问题，俄国是一个欧洲国家还是一个亚洲国家？为了方便进行辩论起见，先假设你是属于楚科奇部落的人，住在白令海峡沿岸，而且你不喜欢你现在的生活（我并不因此而责怪你，因为在这个西伯利亚东部冰冷的角落里生活，是一种非常差的选择），并且假设你决定听从贺瑞斯·格里利的建议到西方去。又假定你不适应山区生活，坚持要到你在孩提时期所生活过的平原去生活。那么，除了要游过十几条非常宽的河流外，你可以向西走几年而不会遇到任

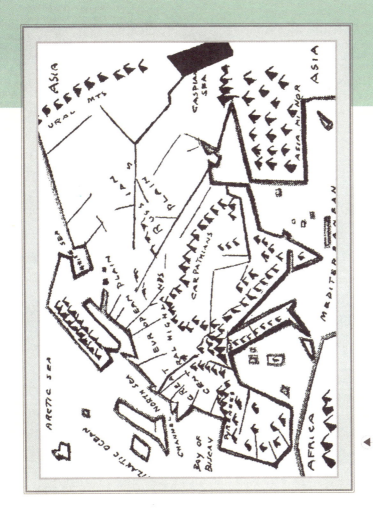

俄国因为既处在欧洲，也在亚洲，所以无法明确地划分它的归属。

何障碍，最后，你当然会发现你自己来到了乌拉尔山脉的面前。但是，在所有地图上所显示的这些乌拉尔山脉是亚洲与欧洲之间的分界线，它们在很大程度上算不上是真正的屏障，因为首批前往西伯利亚的探险者（他们是逃犯，但是，一旦当他们发现某种有价值的东西，就被提高到尊贵的"探险者"的地位）是扛着他们的船翻过乌拉尔山脉的。你也扛一条船翻越落基山脉或者阿尔卑斯山脉试试！

离开乌拉尔山脉之后，再经过半年左右的艰苦跋涉，你就会来到波罗的海。因此，你完全不用离开这个平原国家，就可以从太平洋漫游到大西洋（因为波罗的海毕竟还只是大西洋的一个分支）。而这整个国家是一个平原的一部分，这个平原覆盖了差不多亚洲的三分之一和欧洲的一半面积（因为它与德国大平原相连，德国大平原延伸到北海为止），而且它有一个很大的自然方面的不利条件，那就是朝向北冰洋。

这就是旧俄国的祸根。在数百年时间里，这个帝国将它的大部分心血和财富都投入到了代价巨大的然而却毫无用处的寻找"暖水"的工作中。而且它是苏联——苏维埃社会主义共和国联盟——的最大缺陷之一，苏联和一座由80层楼以及8000间房子组成的结构没有什么不同，但是它除了两扇联结三楼后面的防火梯的小窗户之外，却没有其他的入口或者出口。

和法国或者英国这样的一些有趣的小国家相比，你已习惯于把我们自己的共和国看成是巨大面积的一部分。但是，这个从一端到另一端都飘扬着俄国旗帜的平原有法国面积的40倍大，是英国的160倍、欧洲的两倍，而且它占我们整个星球所有陆地面积的七分之一。它的主要河流鄂毕河和亚马孙河一样长，它的第二大河勒拿河和密苏里河一样长。在它的湖泊和内陆海中，西部的里海的面积有苏必利尔湖、休伦湖、密歇根湖和伊利湖加起来的面积那么大。中部的咸海比休伦湖面积大4000平方英里，而东部的贝加尔湖的面积差不多是安大略湖的两倍大。

南部的山峰将这块平原与亚洲的其余地区隔开，其高度完全可以和我们自己大陆的最高峰相媲美，因为在阿拉斯加的麦金利山有20300英尺，而在高加索的厄尔布鲁士山有18200英尺。地理表面最冷的地方在西伯利亚东北部，平原上的这一地区全部都在北极圈以内，它和法国、英国、德国以及西班牙加在一起的面积一样大。

这一地区的各种特征都会导致极端事物的产生。因此，难怪居住在这些大草原和冻土地带的人们的性格深受自然环境的影响，他们是按照一种在世界上任何其他地区的人看来有些古怪的方法或者方式来进行思考和行动的。难怪几个世纪以来他们能够以一种最虔诚的形式来敬奉上帝，然后又突然放弃所有的上帝的观念，甚至将上帝和上帝的名字从他们学校的课程里删除。难怪数百年以来，他们愿意屈从于一个人的统治，他们认为这个人绝对正确，具有神一样的灵性，然后在某一天他们又起来打倒他。于是，又接受一种非人性的经济学教条的专制统治，这种经济学教条可能会承诺在将来给他们带来更大的幸福，但是目前它会像任何沙皇那样非常残忍、无情、专制。

罗马人显然从来没有听说过俄国，那些像我们一样去黑海寻找粮食的希腊人在那里遇到了某些被他们称为"给母马挤奶的人"的野蛮人部落，从他们留传给我们的花瓶上的几幅图片来看，他们很可能是现代哥萨克人的祖先。但是，当俄国人确定无疑地在历史的视野中出现的时候，他们已经住在由南部的喀尔巴阡山脉和德涅斯特河、西部的维斯瓦河以及分别在北部和东部的普里皮亚特沼泽和第聂伯河所形成的方形地带上。在北方的波罗的海平原上，住着他们的远亲立陶宛人、列托人和普鲁士人，后者原本是一个斯拉夫部落，他们将自己的名字冠在了现代的这个主要的德意志强国头上。他们的东边住着芬兰人，芬兰人现在被局限在北极圈、白海和波罗的海之间的领土上，南部住着凯尔特人和德国人，或者这两个人种的混血儿。

稍晚一些时候，日耳曼部落开始在中欧地区游荡，他们发现，只要他们什么时候需要仆人，他们就可以很轻易地袭击他们北方邻居的营地。因为他们的北方邻居是一个温驯的种族，不管什么命运降临到他们头上，他们都会耸耸肩并默默地接受，"唉，这就是生活！"

这些北方邻居似乎给他们自己取了一个名字，这个名字在希腊人听起来像是"斯克拉文尼"。做人肉生意的商人曾通过袭击喀尔巴阡山地区来获取活的商品，他们常说他们已经抓到了很多斯拉夫人或者奴隶，渐渐地，"奴隶"一词就变成了给那些所有不幸成为别人的合法财产的人所取的商品名。同样就是这些斯拉夫人或者奴隶，竟然会最终发展成为现代世界最强大的中央集权的国家，这真是历史所开的一个大玩笑。然而，不幸的是，这个玩笑是对我们开的。要是我们的直接祖先更有远见一点就好了，那么我们就绝不会处于目前的困境之中。关于这一点我将试图用非常简短的几句话向你做出解释。

斯拉夫人在他们那个小三角地带上平静地生活着，他们繁衍了很多后代，很快他们就需要更多的土地了，而通向西方的路被强大的德意志部落封锁了，罗马和拜占庭关闭了通向地中海的那些花天酒地场所的大门，只剩下东边了。于是，他们成群结队地拥向东部，寻找更多的领地。他们渡过德涅斯特河和第聂伯河，一直到了伏尔加河他们才停下来。伏尔加河是一条大河，俄国农民称它是所有河流的母亲，因为它能提供极其丰富的鱼类，能够供养成千上万的人。

伏尔加河是所有欧洲河流中最大的河流，它发源于远在北边的俄国中部平原上低矮的丘陵，同样就是这些丘陵非常适合建造堡垒，以至于大多数俄国的早期城市都可以在这里找到。为了能流入大海，伏尔加河不得不沿着这些山脉的边缘蜿蜒而行，绕一个大圈之后向东流去。它在沿着山岭的外围流动时流速非常缓慢，以至于造成右岸地势高且陡，左岸地势低且平。这种由丘陵所造成的河道的弯度是相当大的。从靠近伏尔加河发源处的特维尔到里海的直线距离不过1000英里，但是，河道的实际长度长达2300英里。这条欧洲最大河流的流域面积比密苏里河流域的面积大约40000平方英里（伏尔加河是56.3万平方英里而密苏里河是52.7万平方英里），与德、法、英三国的总面积差不多。但是，像俄国的其他所有事物那样，这条河有点怪。它明明是一条可通航的河流（在战前，这里有一支拥有4万条小船的舰队），但是，当它到达萨拉托夫城的时候，却降到海平面的高度。因此，最后几百英里的路程都是在低于海平面的地势上流淌的。这听起来似乎不可能，然而，实际上却是可能的。因为它所流入的里海就处在它那含盐的沙漠的包围之中，里海面积已经大大地缩小了，以至于现在比地中海的水平面还要低85英尺。再过100万年，它将可以与死海匹敌，死海目前保持着低于海平面1290英尺的纪录。

顺便说一下，伏尔加河应该是我们所吃的所有鱼子酱的母亲。我之所以故意用了"应该是"这种表达法，是因为通常伏尔加河只是鱼子酱的继母，使俄国的这种美味佳肴声名远扬的是金枪鱼，而不是鲟鱼。

在铁路被大量采用以前，河流和海洋是自然的通道，人们就是循着这

俄国风景

种通道去从事贸易或者抢劫活动的。由于通向公海的道路被西边的敌人条顿人和来自南边的拜占庭竞争对手切断了，俄国人要是不寻找更多的无主地的话，就只能依靠他们的河流了。从公元600年时起到现在的俄国历史永远都与两条大河联系在一起，一条是我刚才提到的伏尔加河，另一条是第聂伯河。但是，在这两条河中，第聂伯河重要得多，因为它是从波罗的海通到黑海的主干道的一部分，而且毫无疑问，它和穿过德国大平原的商队路线一样古老。请看着地图，试图跟随我到那里去看看。

从北部出发，我们发现芬兰湾与拉多加湖通过涅瓦河连接起来，彼得堡就位于涅瓦河畔。接下来，有一条从拉多加湖直接向南流的名叫沃尔霍夫河的小溪，它将拉多加湖与伊尔门湖连接起来。在伊尔门湖的南面我们发现了洛瓦特河。洛瓦特河和杜纳河之间的距离并不太长，而且这个地区地势非常平坦，人们可以用它作为陆路运输路线。一旦克服了这一困难，来自北方的旅行者就可以悠闲地在第聂伯河上漂流了，最后就到了离克里米亚半岛以西几英里处的黑海。

贸易不分国界，商业与种族也没有多大的关系。那些从挪威人领土上运输商品到拜占庭土地上的人所要赚取的是利润，这就是为什么他们逐渐地在世界上的这些地区定居下来的原因。在整个公元后的头500年或者600年时间里，这是一条商路，纯粹而且简单，它是沿着地质上的洼地而形成的，这个洼地的一边是加里西亚和波多利亚（喀尔巴阡山脉的边缘）的丘陵，另一边是俄国中部高原。

但是，当这个地区逐渐住满了斯拉夫移民之后，情况就发生了变化。因为当时商人在政治上成为统治者之后，他们就结束了无休止的游荡生活，定居下来，成为王朝的建立者。俄国人尽管都有非常聪明的大脑，但是从来就不是优秀的管理者，他们缺乏他们的条顿人邻居那样严谨缜密的思维能力，他们的心中充满了太多的疑虑，他们常常思想不集中，而且他们太喜欢说

　　欧洲拥有宽广的海岸，众多的岛屿及辽阔的大陆。有忍耐力的农民像过去的1万年时间里所做的那样，继续在繁殖人口，而且他们又一次发现他们需要更多的农场，他们的故土原本在乌克兰肥沃的谷地上，那里是全欧洲最富裕的产粮区。

洛瓦特河和杜纳河之间的距离并不太长，而且这个地区地势非常平坦，人们可以用它作为陆路运输路线。

话和沉思，以至于不擅长从事需要集中精力和做出快速决断的工作。因此，许多人就挑选了相对来说轻松点的工作，成为当地的统治者。当然，一开始他们的野心不太大，但是，他们需要住的地方，而当他们为自己建造了半王宫式的住宅后，他们又需要为他们的仆从建房子。大多数古老的俄国城市就是这样建起来的。

然而，城市，尤其是那些还很年轻而且富有朝气的城市，更容易引起外部世界人们的注意。君士坦丁堡的传教士们听说了这种新的拯救灵魂的绝佳机会，他们像挪威人几个世纪以前向南推进一样，沿着第聂伯河向北推进。他们和当地统治者联合起来，修道院成为宫殿的附属建筑，为俄罗斯的罗曼诺夫家族出场的舞台已经准备就绪。南部的基辅以及富裕的商业城市大诺夫哥罗德变得非常繁荣非常有名，甚至连西欧人也听说了它们的存在。

同时，有忍耐力的农民像过去的1万年时间里所做的那样，继续在繁殖人口，而且他们又一次发现他们需要更多的农场，他们的故土原本在乌克兰肥沃的谷地上，那里是全欧洲最富裕的产粮区。这时，他们挣脱了故土的束缚，开始进入俄国中部高原。当他们到达最高点后，就沿着河流往东行。他们非常缓慢地（"时间"对一个俄国农民来说又算得了什么呢？）沿着奥卡河谷地向下爬行，直到最后，他们来到了伏尔加河，并又建立了一座新城，或者叫诺夫哥罗德，这座城市将要控制这个千秋万代都将属于他们的平原。

但是，"千秋万代"在历史上所持续的时间似乎从来就不是很长。因为早在13世纪时，大灾难暂时阻止了他们所有的抱负。在乌拉尔山脉和里海这个由乌拉尔河所形成充满盐分的荒无人烟的地带之间，有一条宽阔的地带，几千名黄种人向西部跑过来，到最后好像是亚洲所有的人都拥入了欧洲的中部。西部的挪威–斯拉夫小公国完全被弄得措手不及，在不到3年的时间里，整个俄国的平原、河流、海洋、丘陵都落入了鞑靼人手中，而只是一个大的好机运才使德国、法国以及西欧的其他地方免遭同样的厄运。

当他们种植了新的马吃的作物之后，鞑靼人又来碰运气了。但是德国人和波西米亚人坚守堡垒，而侵略者围成一个大圈，他们一路上干着砍杀、劫掠、焚烧、谋害的勾当，一直杀到匈牙利。然后，他们在俄国的东部和南部定居下来，享受战利品。在接下来的两个世纪里，信奉基督教的男人、女人和小孩每当见到一个恐怖的成吉思汗子孙，他们就被迫屈辱地下跪，并亲吻他的马镫，不然的话，就会被立即处死。

欧洲人听到了这些，但他们毫不在乎。因为斯拉夫人是按照希腊人的仪式来敬奉上帝的，而西欧人则是按罗马人的仪式来敬奉上帝的。因此，异教徒发怒吧，让俄国人成为最悲惨的最可怜的奴隶，在外国人的鞭打声中发抖吧，因为他们是异教徒，应该得到不好的命运。最后，这种漠不关心使欧洲付出了非常沉重的代价，因为这些吃苦耐劳的俄国人可以接受那些当权者强加在他们头上的任何负担，在鞑靼人统治的两个半世纪里，他们养成了可悲的不假思索地服从的习惯。

如果让他们自行其是的话，那么他们永远也不能摆脱那种可怕的奴役。莫斯科是斯拉夫人古老的东部边哨，莫斯科小公国的统治者担负起解放他们的国家的责任。1480年，约翰三世（俄国历史上伟大的伊凡）拒绝向金帐汗国的统治者缴纳年贡，这是公开反抗的开始。半个世纪之后，外国的控制解除了。虽然鞑靼人消失了，但是，他们的制度却保留了下来。

新的统治者对生活的"现实"有一种天然的好感。大约30年以前，君士坦丁堡被土耳其人攻占了，拜占庭帝国的最后一个皇帝被杀死在圣索菲亚大教堂的阶梯上。然而，他留下了一个远亲，这位远亲名叫佐伊·帕里奥洛加，她碰巧是一个天主教徒。教皇看到将这个希腊教会的迷路羔羊带回她自己的羊栏的时机到了，于是，他建议伊凡和佐伊结婚。婚礼举行了，佐伊将她自己的名字改为索菲娅。但是，教皇的这个精心策划的计划没有产生任何效果，相反，伊凡变得比以前更加独立了。伊凡认识到这是他担当以前由拜占庭统治者们所担当的角色的好机会，他用了君士坦丁堡的盾徽——著名的双头鹰——来代表东罗马帝国（拜占庭）和西罗马帝国，他使自己变得神圣。他将他的贵族们贬为仆人，他将拜占庭古老而又严格的礼仪引入他自己那小小莫斯科宫廷里。他树立这样一种观念，即他现在是世界上唯一的"恺撒"，而他的孙子，由于他的家族连续不断的成功而具有了胆略，最后要宣布他自己为他所能够征服的俄国所有地区的皇帝或者恺撒。

1598年，古老的挪威入侵者的最后一个后代，即留里克家族的最后子孙死了。经过了50年的内战之后，罗曼诺夫家族的一个成员——并不特别显赫的莫斯科贵族——自己当上了沙皇。从那时起，俄国的地理就反映了这些罗曼诺夫家族的政治野心。这些罗曼诺夫家族的成员有许多实实在在的缺陷，但是也有相应数量的实实在在的优点，这就可能使我们忽略他们的一些失误。

昔日俄国

　　首先，他们都有一个固定不变的观念，那就是，在给他们的臣民开辟直接通向"开放的水域"的道路这一问题上，再大的牺牲也是值得的。他们在南部进行尝试，一路拼杀打到黑海，打到亚速海和塞瓦斯托波尔，结果却发现土耳其人切断了他们与地中海的联系。但是，这些战争使他们相信了10个哥萨克部落对皇室的忠诚。哥萨克部落是古老的哈萨克族或者海盗的后代，他们是在以前的5个世纪里逃到荒野以躲避他们的波兰人主人或者鞑靼人主人追踪的冒险者或者逃亡奴隶。他们和瑞典人打了一仗，从参加30年战争的时候起，瑞典人实际上已控制波罗的海沿岸的所有领土。最后，经过半个世纪的战争，彼得沙皇才得以让他的成千上万的臣民进入到涅瓦河的湿地，为他建造新的首都圣彼得堡。但是，芬兰湾一年有4个月处于冰冻状态，"开放的水域"和以前一样仍然十分遥远。于是，俄国人沿着奥涅加河和德维纳河穿过德拉地区——北极苔原——的正中央，并在白海沿岸为他们自己建造了一座以天使长米迦勒的名字命名的新城——阿尔汉格尔斯克。但是，荒凉的卡宁半岛既远离欧洲，也远离哈得孙湾冰冻的沿岸地区，而所有的荷兰人和英国人船长都小心地避开摩尔曼海岸。任务似乎是没有希望完成了，没有别的路可走了，只剩下东方的道路可以试试了。

1581年，一伙来自6个欧洲国家的逃亡奴隶、冒险家和战争囚犯，总的来说，有大约1600人，他们翻过了乌拉尔山脉，迫于生活所需，他们袭击了在往东去的路上所遇到的鞑靼人的一个可汗，他是一个被称为西伯尔或者西伯利亚的地区的统治者。这伙人打败了这个统治者，并瓜分了他的财产。但是，当得知莫斯科的势力范围很大时，他们就将这块领土献给了沙皇，不然的话，等着他们的将是某一天沙皇的军队追踪他们并将他们当作逃亡者和叛乱者绞死，而不会把他们当作为他们爱戴的君主的荣誉做出贡献的真正的爱国者而给予奖赏。

这种奇怪的殖民方式持续了差不多一个半世纪。展现在这些"坏人"面前的辽阔平原上人口稀少，却很肥沃。其北半部是大草原，但南半部是森林覆盖。不久，他们就将鄂毕河抛到了身后，接着，就来到了叶尼塞河。早在1628年时，这支令人讨厌的侵略军的前锋到达了勒拿河。1639年，他们来到了鄂霍次克海沿岸的土地上。1640年之后不久，他们向南进一步推进，并在贝加尔湖畔建造了他们最早的堡垒。在1648年，他们在黑龙江进行探险，同年，一个叫迭日涅夫的哥萨克人顺着西伯利亚北部的科累马河而下，并沿着北冰洋海岸一直航行到那条将亚洲与美洲分开的海峡，然后返回来向人们讲述他航行的故事。然而，这些故事却几乎没有引起人们的注意，以至于当一个帮俄国人干活的丹麦航海家维他斯·白令在80年后重新发现了这些海峡时，他被允许用他自己的名字命名这些海峡。

从1581年至1648年这67年时间，当你想到我们的祖先花了大约两个世纪的时间才走完从阿勒格尼地区到太平洋海岸的距离时，你就会发现这样一个明显的事实，即俄国人并不总是像我们所认为的那么反应慢。但是，由于俄国人对将整个西伯利亚增加到他们原先的财产当中并不感到满足。于是，他们最终从亚洲来到了美洲，而且，早在乔治·华盛顿被埋入坟墓之前，在一个以天使长加百利的名字命名的堡垒周围就有了一个非常繁荣的俄国殖民地了。这个堡垒现在叫锡特卡，从前在1867年俄国将阿拉斯加转让给美国的仪式就是在这个城市里举行的。

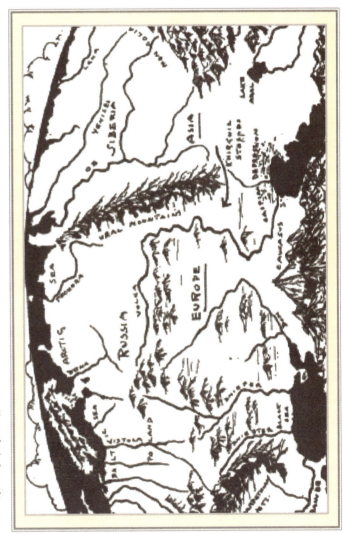

具有充沛的精力、强大的个人勇气以及不顾后果的勇敢，这些最早的俄国拓荒者在广袤的俄国大平原上，开辟了属于自己的家园。

就精力、个人的勇气以及不顾后果的勇敢而言，这些最早的俄国拓荒者比美国的拓荒者要强。然而，在那些莫斯科和彼得堡当权者心目中占主导地位的仍然是亚洲帝国的观念，这种观念阻碍了一个地区的正常发展，而一个地区的各种财富只向那些懂得如何开发它们的人敞开大门。俄国没有开发牧场、森林和矿产，而是把西伯利亚变成了一个巨大的监狱。

翻越乌拉尔山50年后，第一批囚犯在17世纪中期到来了。他们由牧师组成，这些牧师拒绝按照东正教的规定做弥撒，因而他们被发配到阿穆尔河沿岸去挨饿受冻，直到死亡。从那时起，被驱逐到这片荒野上的男男女女（时常还有小孩儿）成群结队，人流不断，因为他们的欧洲个人主义意识与亚洲的顺从观念相冲突，而顺从是古老的俄国式政府的基本法则。1863年，就在最后一次波兰大革命之后不久，这种放逐风潮达到顶点，当时，5万多波兰爱国者从维斯瓦河被驱赶到托木斯克和伊尔库茨克附近地区。关于这些非自愿的移民人口总数没有确切的统计数据，但是，从1800年到1900年，在外国的强大压力下，这种制度稍稍有所修改，这时的年平均流放人数大约是2万人。然而，这还不包括普通的罪犯、杀人犯、小偷、扒手，这些人往往被那些具有高尚精神境界的男男女女所折服，那些境界高的男男女女的唯一错误就是爱他们的同胞爱得过分了。

当他们的刑期满了之后，幸存下来的人会在一个流放犯人的村子附近得到一小块土地，并可以成为自食其力的农民。从理论上讲，这是一个精妙的让白人在国家里有其居所的计划，它让帝国政府向其欧洲的股东们表明，帝国政府并不真正像它有时被描绘的那么坏——在这整个疯狂的西伯利亚里建立起了某种制度——"罪犯"被教育成对社会有用的、能够从事生产的成员。然而，实际上，这种制度运作得非常好，以至于这些所谓的"自由移民"中的大部分人都从地面上消失了，没有留下关于他们行踪的蛛丝马迹。

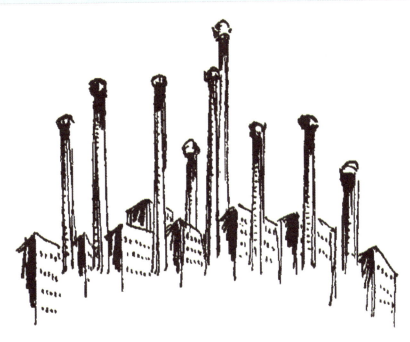

古老的以物易物农业体系和农奴制度终结了，取而代之的是资本主义和工业制度，此后的俄罗斯所发生的事情是众所周知的。在林肯签署《解放法令》的几年前，俄罗斯的农奴获得了自由。

也许他们去和某个土著部落住在了一起，成为伊斯兰教徒或者异教徒，并告别了基督教文明，也许他们试图逃跑，被狼吃掉了。我们不得而知。俄国警察局的统计数据显示，有3万到5万有前科的人自由散漫，他们躲在森林里或者山中，宁愿受各种各样的苦，而不愿待在沙皇的监狱里。

古老的以物易物农业体系和农奴制度终结了，取而代之的是资本主义和工业制度，此后的俄国所发生的事情是众所周知的。在林肯签署《解放法令》几年前，俄国的农奴获得了自由。为了让他们能活下去，他们获得了一小块土地。但是，这些土地从来都是不够的，而且这些给予奴隶的土地是由他们的主人那里夺过来的。结果，主人和他的前仆人都没有得到足够的土地来勉强维持生活。而且一直都有外国资本渗入，来购买俄国大平原上隐藏的宝贵的矿产资源。铁路建起来了——轮船的航线也被安排好了——俄国所发生的事情是众所周知的。在林肯发表了《解放宣言》几年前，俄国的农奴获得了自由。欧洲工程师在半亚洲式村庄的泥泞中辛苦劳动，他们在和巴黎大剧院一模一样的建筑物周围建起了一圈房子，并自问，这种事情怎么可能？

　　在牧师和女人们的簇拥下，一个虚弱的人现在坐在了彼得大帝的王位上，当他把王位抵押给伦敦和巴黎的放债人，并接受他们的条件来参加一场在他的大多数臣民看来是可恶的战争时，他就已经签署了他自己的死亡执行令。

北极

11 酷爱读书的丹麦人

　　按照现代国家的概念，丹麦是一个非常小的国家（它只有大约350万居民，其中75万居住在首都），如果人口的数量真的比质量重要的话，那么我们大可以忽略它。但是，作为一个将聪明才智和明智的生活目标（丹麦人把"凡事适可而止"作为智慧的最高形式）相结合来对普通的材料进行加工而生产出优质的产品的例子，丹麦以及其他斯堪的纳维亚国家值得大书特书。

　　这个国家有16000平方英里，完全缺乏自然资源、陆军、海军、矿产或者山脉（这个国家没有一处地方高于600英尺，还不及帝国大厦的一半高），但是，它却能同12个志向更远、面积更广、军国主义野心更大的国家匹敌。（如果我觉得必要的话，我可以提及这些国家的。）丹麦人完全是通过自己的努力将文盲率降到零的，他们使自己的国家成为在所有欧洲国家中人均富裕程度位列第二的国家。实际上，他们已经消除了世界上其他地区普遍存在的贫富差距，建立了一种平均的、适度的富裕平衡机制，这种平衡机制是其他任何地方所不能相比的。

　　只要看一眼地图你就会发现，丹麦由一个半岛和许多由于宽阔的海峡而彼此分隔的岛屿组成，火车通过渡船来越过这些海峡。丹麦的气候极其恶劣。在整个长长的冬季里，强劲的东风会横扫平坦的原野，带来阵阵寒冷的雨水，这使得丹麦人的

在9、10世纪时，丹麦人所统治的帝国包括英格兰、挪威和瑞典的部分地区。那时，哥本哈根还只是个渔村，而往内地约15英里的罗斯基勒是王室的住地，那些遥远的领地就是由这里进行管理的。

大部分时间都是在室内度过的。在这方面，丹麦和荷兰有很多相似之处，而这样的情况又使他们的国家成为一个酷爱读书的国家。因此，他们是一群知识特别渊博的人，他们人均书籍的拥有量比其他任何国家都要多。

虽然丹麦的环境恶劣，但是，其雨水和风使草场保持湿润，草长起来后就养肥了奶牛，所有这一切的结果就是，丹麦独自能够为世界提供百分之三十的黄油。然而，在其他大多数国家，土地都是被富人和不在位的地主所占有，而在本质上讲求民主的丹麦人（是从该词的社会和经济意义上说的，而不是从政治意义上说的）从来就不鼓励那些我们在其他大多数国家所见到过的大地产的发展。

现在，丹麦有15万个独立的农场主，他们经营小农场，其面积从10英亩到100英亩不等，而且只有2万个农场的面积超过100英亩。销往国外的奶制品是按照最现代最科学的方法来进行加工的，教授这些方法的是乡村农业学校，这些农业学校只是遍及全国的免费中学的延伸。酪乳是黄油生产中所剩下的副产品，它被用来养猪，反过来，所养的猪又为整个英国市场提供熏肉。

由于黄油和熏肉贸易比种植粮食利润高得多，因此，丹麦人不得不进口粮食。然而，他们进口粮食不仅非常容易而且还便宜，因为哥本哈根离但泽坐轮船只有两天的路程，而但泽是波兰和立陶宛古老的大型粮食出口港。这些粮食一部分用于饲养家禽，每年都有几百万个鸡蛋运往这些同样的不列颠群岛，由于某些神秘的原因，这些群岛从来就没有能够种植出比球芽甘蓝更加美味可口的任何东西来。

为了保持在农产品方面近似垄断的地位，丹麦人对输出国外的任何东西都实行最严格的国家管制，从而为他们自己建立了绝对诚信的声誉，以至于他们的商标逐渐被看成是绝对纯正的保证。

像所有的条顿血统的种族那样，丹麦人是不可救药的赌徒，在最近几年里，他们在银行业和股票市场方面的冒险投机已经花费了他们相当大的一笔钱。然而，银行倒闭了，孩子们还存在，牛和猪也存在，现在他们又开始了工作。他们所害怕的唯一困难与他们的邻居迅速恶化的破产状况有关，邻居们的破产使得像火腿蛋这样的一种简单的食品成为了普通人可望而不可即的奢侈品。

大陆上没有什么重要的城市。日德兰半岛（古老半岛的名字，英国的许多原始移民就来自这个半岛）的西海岸有埃斯比约，埃斯比约是许多农产品的主要出口港口；日德兰半岛的东岸是奥尔胡斯，奥尔胡斯是世界上这一地区最古老的基督教中心之一，在美洲大陆被发现的4个世纪以前，那里的人们一直信奉他们英勇的异教神（奥丁神、托尔神以及博德神）。

小贝尔特海峡（我认为现在已经有了建一座横跨该海峡的大桥的计划）将日德兰半岛与波罗的海岛屿中的第一大岛菲英岛隔开。菲英岛的中部有欧登塞城（崇拜奥丁神的地方），该城是汉斯·克里斯蒂安·安徒生的出生地，汉斯·克里斯蒂安·安徒生虽然是一个贫病交加的鞋匠的儿子，然而，他却是人类最伟大的恩人之一。

接着，我们跨过大贝尔特海峡，到达古丹麦帝国的中心——西兰岛。在这里有一个宽阔的海湾，由于受到有"首都的菜园子"之称的小岛阿迈厄岛的保护，该海湾免除了波罗的海汹涌的波涛的袭扰，在这个海湾旁坐落着一座美丽的城市哥本哈根，它是中世纪的"商港"。

在9、10世纪时，丹麦人所统治的帝国包括英格兰、挪威和瑞典的部分地区。那时，哥本哈根还只是个渔村，而往内地约15英里的罗斯基勒是王室的住地，那些遥远的领地就是由这里进行管理的。但是，今天的罗斯基勒已经没有什么重要性了，而哥本哈根的范围和重要性都在不断增大，到如今，它为全国五分之一的人口提供娱乐服务。

哥本哈根是王室的住地，当国王出去游泳、钓鱼或者步行去买盒香烟时，就会有几个穿着非常漂亮制服的卫兵举枪致敬。但是，你要是想看其他壮观的军事表演，那是看不到的。这个小国家在过去的日子里曾经进行了一些艰苦卓绝的战斗，即使是在最近的1864年，这个国家也对普鲁士进行了很长时间的抵抗。最后，丹麦自愿地解散自己的陆军和海军，取而代之的是小型的国家警察部队，以确保其中立的地位在下一次欧洲大规模的冲突中继续存续。

12 大不列颠的文明进程

太阳照射—雨水冲刷—冰破裂并开始滑动了—波涛汹涌—四季更替，最后当人类出现时，这就是他所面对的世界。一块狭长的土地，因一个被水淹没的谷地而与世界其他地区隔开。这个谷地从北极圈一直延伸到比斯开湾，另一座高原高高地耸立在浪涛之上，它因一个桀骜难驯波涛汹涌的海洋而也与这块狭窄陆地隔开——几块孤零零的石头矗立于海面之上，这里与其说是人类的生活场所，不如说是海鸥的歇脚处。

英格兰，这个人们对射猎野兔的热情和兴趣常常高于对搜集科学证据的热情和兴趣的国家，给世界输送了许多一流的地质学家。当然，事情也可能会走向另一面：由于有众多优秀的地质学家，因此我们对英格兰地质状况的了解比对任何其他国家地质状况的了解都要多。但是，这种可能性似乎不大。通常你只能在水边找到游泳冠军，而很少会在卡拉哈里沙漠找到他们。

从设得兰群岛到兰兹角的距离与哈得孙湾中部或者阿拉斯加南部到美国北部边境的距离相同，或者用一般欧洲人都能听懂的话说，与从挪威的奥斯陆到波希米亚的布拉格的距离相同。这就意味着作为世界上人口最稠密的国家之一、拥有4500万人口的英国与堪察加半岛（阿拉斯加的对面）处于同一纬度上，堪察加半岛也是处于50度到60度之间，在那里不足7000人

英格兰，这个人们对射猎野兔的热情和兴趣常常高于对搜集科学证据的热情和兴趣的国家，给世界输送了许多一流的地质学家。

通过以鱼为唯一的主食而勉强维持生计。

英国的东部边界是北海，右边（东边）是法国。接着，我们会看到一个像将马路切断的壕沟那样的东西，那是英吉利海峡和北海。接下来，就是英格兰中部大平原，伦敦在平原最低处的洼地上。再下来，就是巍峨的威尔士山脉。又有一个洼地，即爱尔兰海，爱尔兰中部大平原，爱尔兰山脉，再往西是高耸在浅海上的几块孤零零的石头。最后，是圣基尔达岛（因为很难到达那里，因此，一年以前就没有人在上面居住了）上的岩石。

关于环绕着英国的不同的海、海湾和海峡，我最好还是详细谈谈。我已经尽量做到不用不必要的名字来把这本书搞得很复杂，尽量不要让你一旦翻到下一页时，就会忘记这些名字。但是，我们是站在古老的土地上的，因为在至少整整4个世纪的时间里，这个奇怪的小岛一直都在影响着这整个星球上的每个男人、女人以及小孩的生活。然而，这并不完全是出于偶然或者由于种族的优越性所造成的。毫无疑问的是，英国人已经充分地利用了他们所得到的机遇。但是，大自然在将他们那可爱的岛屿正好放在西半球最大范围的陆地中部的时候，就已经赋予了他们巨大的优势。如果你将澳大利亚的位置和英国的位置作比较，你就会发现，英国就像网中的蜘蛛，离世界的所有4个角落的距离都是同样远。然而，和蜘蛛不同的是，它有一条方便的注满盐水的护城河保卫其安全，这样就可以免遭其他人类的袭击。

当然，只要地中海仍然是文明的中心，那么英国的这种特殊地理位置就没有什么意义。直到15世纪末时，英国还只是另一个稍微有些遥远的岛屿，在人们的心目中，它的位置和今天的冰岛相同。"你去过冰岛吗？""没有，不过，我有一个阿姨曾经到过那里。那是个离奇古怪的地方——是个有趣的岛屿——但是太远了——意味着5天都要晕船。"

这正是生活在公元后头10个世纪里的人们对英国的印象——要晕3～4天的船——记住，从利斯到雷克雅未克去乘坐一条罗马人的大型帆船要比坐一条700吨的轮船更不舒服。

然而，渐渐的，人们对这些文明的边缘地区的了解增多了。身上涂着油彩的野蛮人住在小圆棚里，这些小圆棚在地面以下很深的地方，四周是低矮的土墙。他们被罗马人制服了，罗马人在听了他们说话后得出的结论是，他们一定和北方高卢地区的凯尔特人属于同一个种族。罗马人还发现他们基本上还是很温顺的，愿意缴纳贡赋而不过多地谈论他们的"权利"。不管怎么说，他们对所占领的土地是否拥有"权利"还是一个问号，因为差不多可以肯定的是，他们是新来者，他们的土地是从一个更早时候入侵的种族那里抢来的，在东部和西部的那些人迹罕至的地方到处都可以找到这个入侵种族的遗迹。

大体上说，罗马人对英国的占领持续了4个世纪，几乎和白种人统治美洲的时间一样长。几乎是出人意料的，这种占领就中止了。在差不多500年时间里，罗马人都能够将饥饿的日耳曼诸部落挡在他们的欧洲领地之外。后来，拙劣的防卫屏障坍塌了，如潮水般涌来的蛮族人席卷了南欧和西欧。罗马召回其国外驻军。当然，那只是临时召回，因为没有帝国会承认自己被打败了，除非数年之后它不再存在了。几个军团被留下来防守高大的土墙，这个土墙是用来保护不列颠平原免遭蛮族人入侵的，这些蛮族人居住在苏格兰交通不便的山区。其他的城堡防卫着威尔士的边界。

但是，有一天，定期提供给养的船只没有到来，这就意味着高卢已经落入了敌人手中。从那一时刻起，在英国的罗马人就与祖国失去了联系，这种联系再也没有重新建立起来。稍晚一些时候，沿岸城市传来消息说，外国船只出现在离亨伯河和泰晤士河河口不远的地方，达拉谟、约克、诺福克、萨福克、埃塞克斯的村庄遭到了袭击和抢劫。罗马人从没有想到过要拱卫他们的东部边境，因为还没有那个必要。但是，现在，曾经迫使条顿人的前锋部队渡过多瑙河，穿过巴尔干山脉和阿尔卑斯山脉的山口的某种神秘的压力（不管是出于饥饿或是出于流浪癖或是有敌人在后面追，我们都无从知道），又正在使撒克逊海盗的抢劫团伙从丹麦和荷尔斯泰因一路来到不列颠沿岸。

曾经居住在那些美丽的别墅（我们仍能找到这些别墅的遗迹）里的罗马总督、罗马驻军、罗马妇女和儿童消失了——神秘地、悄悄地消失了，就像弗吉尼亚州和缅因州的早期白人移民从地面上消失一样。他们消散在空气中。一些人被他们自己的仆人杀死了，妇女们嫁给了好心的当地人——对高傲的征服者种族来说，这是一种奇怪的命运。但是，这样的命运已经超过了不止一群没有赶上最后一班船回家的"殖民地居民"的命运。

从那以后，一群群来自苏格兰和加勒多尼亚的野蛮樵夫很勤快地干掉了他们的凯尔特人邻居，在罗马人充当国内外警察的那几个世纪里，这些凯尔特邻居变温和了。接着，惯常的错误就发生在这样可悲的情况下——总是导致最终灾难的聪明的点子："让我们从其他某个地方召集一些强壮的人来，雇佣他们为我们打仗。"这些身体强健的人来自埃尔德河和易北河之间的湿地和平原，他们属于一个叫作撒克逊人的部落，这只是告诉我们他们的血统，因为德国到处都是撒克逊人。

他们为什么会与盎格鲁人混同则是另一个问题，这个问题可能永远也得不到解决。"盎格鲁-撒克逊"一词是在他们首次出现在英国的几个世纪以后才发明出来。现在，盎格鲁-撒克逊是一个促使人们战斗的口号：盎格鲁-撒克逊血液——盎格鲁-撒克逊传统。哎，一个童话故事和另一个童话故事一样好，因此，如果这个童话故事能够使人们很高兴地认为他们自己比所有其他人都高一等，那么为什么不采用呢？但是，历史学家必须遗憾地宣布，作为一个种族整体的盎格鲁人是消失的以色列部落的小兄弟——他们在过去伪造的编年史中经常被提及，但是，没有人能够找到他们的所在地的线索。至于撒克逊人，他们大概和你在一艘30年以前的远洋客轮的统舱里所见到的一群群北欧移民差不多。但是，他们身体强壮，他们同样精力充沛地劳动、战斗、玩耍、抢劫。他们用了5个世纪的时间来经营这块土地，现在他们已成为这块土地上世袭的主人，在这5个世纪里，他们强迫可怜的凯尔特土著人使用撒克逊语，这些凯尔特土著人很快就忘却了他们在某个罗马贵族女人的厨房工作时所学的几个拉丁词汇。后来，盎格鲁-撒克逊人又被另一波条顿移民赶出了房子和家园。

1066年，英国成为诺曼底人的属地，不列颠群岛第三次被迫服从海外人的统治。然而，不久，四两拨千斤，不列颠殖民地被证明是比在法国的临时祖国更有利可图的投资场所。于是，诺曼人离开了大陆，永远地在英国定居下来。

他们在法国的最后失败以及财产的失去貌似对英国人有利。他们终结了
对大陆的那份期待之心，他们意识到大西洋的存在。即使如此，如果亨利八
世没有爱上一个名叫安妮·博林的女人的话，英国可能不会开始海上事业。
安妮·博林告诉亨利八世说，要赢得她的芳心，必须通过明亮的教堂。这就
意味着国王陛下要和其合法配偶离婚了，国王陛下的合法配偶就是血腥玛丽
的母亲，而这个事件导致英国与教皇之间在教皇对所有基督教世界的至上权

毫无疑问的是，英国人已经充分地利用了他们所得到的机遇。但是，大自然
在将他们那可爱的岛屿正好放在西半球最大范围的陆地中部的时候，就已经赋予
了他们巨大的优势。

威问题上的彻底决裂。因为西班牙站在教皇一边，因此，当时的英国必须学会如何驾船保护自己，不然的话，作为一个独立的国家，就会覆灭，成为西班牙的一个行省。一场离婚的争吵就是通过这种奇怪的、迂回的方式，真正教会了英国人如何成为航海能手。而在英国人学会了这种新手艺之后，他们祖国的这种优越的地理位置就帮他们完成了剩余的工作。

然而，如果没有非常激烈的内部斗争，这种变化是不会发生的。一个有理性的人是不会指望社会中的一个阶级会为了另一个阶级的利益而自杀的。只是自然而然的是，自从诺曼人征服以来就一直处于至高无上地位的封建首领们会尽力阻止他们的国家放弃农业生产的习惯，转而从事世界规模的商业贸易。封建主义和资本主义之间总是不共戴天的敌人。中世纪的骑士鄙视商业，将商业看成是完全不值得自由人去干的事。海滨城市从事一点点渔业，但这个国家的主要行当过去是，而且将来也还是从事农业。大自然已经给予了从事农业的这块土地极大的眷顾，照顾得尤其多的是畜牧业，因为土壤中虽然常常多岩石而不能种粮食，但却给牛和羊提供了丰富的饲料。

在一年中的三分之二的时间里，风从西边吹来（而且是不停地吹），这就意味着下雨，这是任何一个曾经被迫在伦敦待过一段时间的人都会记忆犹新的事。正如我们谈论北欧的一些国家时我所告诉你的那样，今天的农业不再像过去1000年或者100年以前那样完全依赖于大自然了。到现在为止，我们还不能造雨，但是，化学工程师已经教会了我们如何克服许多困难，与乔叟和女王贝丝同时代的人都把这些困难当成上帝对无可救药的事情的惩罚行为。对于来自东方的土地所有者来说，那里的海岛地理构造又一次证明是一个巨大的恩泽。不列颠群岛的横截面显示，它们像一个汤盘，从西往东倾斜，西部比东部高出许多。前面提到过，这是因为英国是一个非常古老的大陆的一部分，过去曾覆盖东北部的最古老的山脉已经完全被水和风侵蚀掉了，而西部年轻一点的岩石结构仍然耸立着，再过1000万年或者1500万年都不会消失。这些年轻的山脉所占据的地区叫威尔士（一些原始凯尔特语的最后保留地之一），这些山脉起到了屏障作用，在大西洋上的暴风雨到达东部的低地之前，就将其威力化解了，它们非常成功地减弱了暴风雨的强度，以至于使东部大平原能有一个几乎是理想的气候来种植粮食和饲养牲畜。

轮船的发明使我们能够从阿根廷和芝加哥订购粮食，为了将冻肉从世界的这一端运到那一端，运输所采用的冷藏技术，使得那些能够付得起这笔费用的国家不再依靠自己的农场和田野来供养国内的人口。但是，直到100年以前，掌握着食品供应的人也就是这个世界的主人，只要他们什么时候决定封锁他们食品库的大门，那么几百万人就要慢慢饿死。因此，由南部的英吉利海峡、西部的塞文河（这条河流将威尔士和英格兰分开，并流入英吉利海峡），北部的亨伯河和默西河以及东部的北海所形成的宽阔的平原，是古代时期的英国最重要的地区，因为它绝大部分粮食都是在那里生产出来的。

当然，当我说到平原时，我并不是指我们习惯上所称的那种平原。英国的中部大平原并不像堪萨斯州那样是扁平的薄煎饼模样，而是由起伏的地形构成。泰晤士河（它和我们自己的哈得孙河几乎一样长，它们分别为215英里和315英里）从其中部穿过。泰晤士河发源于科茨沃尔德山区，科茨沃尔德山区因出产绵羊而出名，还以附近的巴思城而出名。从罗马时代起，英国的烹饪术的受害者们就一起来这里洗含有钙和钠物质的热水澡，并再往肚子里填上一层半生不熟的牛肉和蔬菜以强健体魄。

接着，泰晤士河在奇尔顿丘陵和怀特霍斯丘陵之间流动，为牛津大学的划船实验提供方便的水源，最后流入低洼的泰晤士河谷。泰晤士河谷位于东安格利亚山岭低矮的丘陵和北唐斯山之间，如果多佛尔海峡在尽力接通大西洋与北海的过程中不通过柔软的白垩状物质截断这个河谷的去路的话，这个河谷会一直延伸到法国。

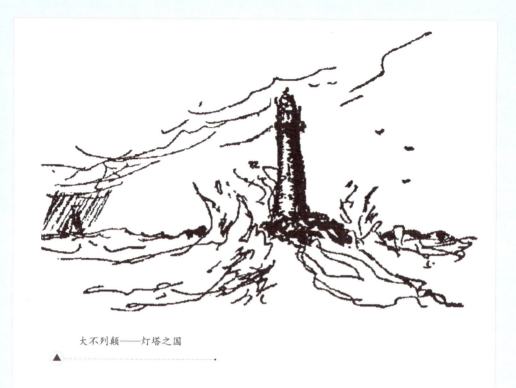

大不列颠——灯塔之国

世界上最大的城市就坐落在这条河的河畔。像罗马以及其他大多数以往模糊不清和遥远时代的城市那样，伦敦城不是一种偶然或者某个君主一时冲动的结果，它之所以坐落在现在的位置，完全是出于经济的需要。为了能在不依靠凶恶的摆渡者的情况下，从英格兰南部到英格兰北部去，就需要建一座桥。伦敦正好就建在河流不能通航的地方，但是这个地方的河道又不太宽，可以让20世纪以前的工程师们建造某种东西将人和货物从岸的一边送到岸的另一边而不会弄湿脚。

当罗马人离开后，不列颠群岛发生了很多变化，但是伦敦却落在了后面。今天，伦敦拥有800多万人口，它仍然比纽约多整整100万人口。它的面积是古巴比伦这座古代世界最大城市的5倍，有4个巴黎那么大。伦敦的建筑物都很低，因为英国人注重隐私，希望有自己的空间来做自己的事情，不愿意住在蜂窝般的房子里，结果，伦敦就向横向发展了，而我们美国的城市则倾向于向垂直方向发展。

伦敦的中心，即"城区"，现在仅仅是一个工场。1800年时，它就有13万居民，此后，人数缩减为不足14000人。但是每天差不多有50万人来到这座城市营运数10亿英磅的资金，英国从那巨额的剩余财富中抽出这些资金来投入到外国企业中，并管理那些数量几乎是惊人的殖民地产品的流通，这些产品堆积在仓库里，这些仓库从塔桥一直延伸到20英里远的伦敦桥下。

由于泰晤士河必须时刻保持畅通，因此，应付船运的唯一办法就是在河的两岸建码头和仓库。那些想了解国际贸易真正含义的人应该参观一下这些伦敦的码头。这会使他们有一种不舒服的感觉，那就是纽约毕竟仍是一种地方性的乡村，它离主要的贸易通道太远了一点，以至于不具有什么特殊的重要性。情况最终可能会发生变化，商业中心似乎正在往西移。但是，伦敦仍然是最精通对外贸易的技术知识的城市，而纽约只是还在学习基础知识。

英国平原的整个南部边缘都是山脉，西端是康沃尔，它是布列塔尼半岛在地质上的延续，英吉利海峡将它们二者隔开。康沃尔是一个奇怪的地方，在那里，凯尔特语一直保留到两个世纪以前，那里奇异的石碑在各个方面都像布列塔尼的石碑，这就证实了这样一种理论，即从前住在所有这些地区的居民一定都是同一种族的人。顺便说一下，康沃尔是第一个被来自地中海地区的水手所发现的英国地区。腓尼基人在寻找铅、锌和铜的过程中（记住，他们在金属时代初期非常活跃），常常往北到达远至锡利群岛的地方，在那里，他们遇到来自雾霭重重的大陆的蛮族人，并同他们进行易货贸易。

整个这一地区最重要的城市是普利茅斯，那是一个军港，除了偶尔有从大西洋过来的轮船外，没有多少船只出入。康沃尔的另一边是布里斯托尔海峡，它就是17世纪的地图上的"错误海峡"，因为从美洲返航的船长们很容

　　如果多佛尔海峡在尽力接通大西洋与北海的过程中不通过柔软的白垩状物质截断这个泰晤士河谷的去路的话，这个河谷会一直延伸到法国。

易把它误认为是英吉利海峡，而且接着会在这些海浪可能高达40英尺的凶险水域遭受海难。

布里斯托尔海峡的北面是威尔士山脉。在安格尔西岛附近发现煤和铁的矿床以及铜矿层之前，这些山脉对任何人都没有多大的重要性，而这些矿藏的发现使这个国家的这一地区变成整个王国最富裕的工业区之一。加的夫过去是罗马人的一个港口，现在是世界上最大的煤炭中心之一，它通过一条建在塞文河底下的铁路与伦敦相连，这条隧道在工程界所赢得的名声和连接威尔士大陆与安格尔西岛以及霍利黑德岛的桥梁的名声差不多一样大，从霍利黑德岛可以到达爱尔兰都柏林城的港口金斯敦。

古代时期的英格兰是一个四边形，在这里，每一个城市和乡村都具有非常悠久的年代和历史，以至于我几乎害怕提及它们的名字，以免会把这本书变成写英格兰地理的书，而不是写整个世界地理的书。古英格兰的这种四边形直到今天仍然是地主阶级所拥有土地的主要部分。在法国，大地产不是绝对没有，而是很少，那里的土地所有者的数量是英国这个地区的10倍。在丹麦，这种比例的差别甚至更大。郡县的乡绅阶级的重要性比以前大大降低了，他们现在只能作为一种社会机构而保留下来，以告诉世界上其他人如何正确地穿打高尔夫球的裤子，如何正确地通过杀死有时候被称作"我们的哑巴朋友"的东西来消磨时光。之所以会出现这种结果，不是因为他们缺乏自己的道德观，而是因为詹姆斯·瓦特所发明的实用的、可操作的蒸汽机突然改变了我们的经济生活。当这个格拉斯哥大学的精密仪器制造者开始拿他祖母的茶壶当玩具玩耍时，蒸汽仍然是一种带动少数几个缓慢且费劲的抽水机的玩意儿。到瓦特去世的时候，蒸汽动力已经占据了统治地位，土地不再是财富的源泉。

就是在19世纪头40年的时候，有史以来一直都在南部的经济中心，向北转移到兰开斯特郡，在那里，水蒸气使曼彻斯特的纺织厂运转起来，转

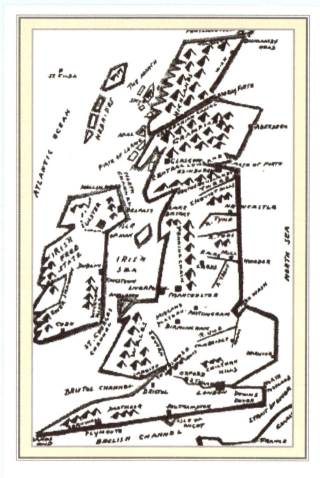

当英格兰的诺曼征服者们把他们新获得的房屋或多或少地整理一下之后，他们将贪婪的目光扫向爱尔兰海。爱尔兰海和北海一样，实际上是一个被淹没了的山谷，而不真正是海洋的一部分。

移到约克郡；在那里，蒸汽将利兹和布拉德福德变成整个世界的毛纺织中心，转移到所谓的黑区；在那里，马力使伯明翰成为所有那些数百万吨的钢板和钢桁支架的生产地，用这些钢板和钢桁支架所造的船将不列颠群岛的制成品运到地球的四面八方。

蒸汽代替人的肌肉所引发的剧变是人类所经历的最大的革命。当然，发动机不能自己思考，它们需要人来伺候它，给它添加原料，照管它，并告诉它什么时候该开始运转，什么时候停止运转。农业工人因为这种非常简单的服务所得到的回报是有望发财致富。乡村的人们被城市的魅力所吸引，城市获得了飞速发展，经济公寓住宅的承包人发财了。在非常短的时间内，百分之八十的乡村人口转移到城市。英格兰就是在那时积聚了大量的剩余财富，这些财富使其在其他财产全部耗尽后还能坚持很长的时间。

现在许多人都在问自己，这一点是否实际上已经达到了？只有时间才能做出回答——时间，意味着再过10年或者20年。不过，能够看到将来会发生什么事情是一件非常有意思的事情。现在的英帝国是由一系列的机遇所造成

蒸汽机的发明，开创了一个崭新的时代。蒸汽代替人的肌肉所引发的剧变是人类所经历的最大的革命。

的。这一方面就像罗马帝国一样。罗马帝国是地中海文明的中心，为了不失去自身的独立，它不得不征服它的邻邦。英国一旦成为大西洋文明的中心，它也被迫采取类似的政策。现在世界范围的剥削时代终于结束了，商业和文明开始向大洋彼岸转移，就在几年以前还是一个巨大的帝国的中心的国家，很快就要变成一个远离荷兰海岸的人口过剩的岛屿了。

这似乎太糟糕了。但是，我们星球所发生的事情就是这样的。

苏 格 兰

在罗马人统治英格兰的4个世纪里，除了几次惩罚性的远征外，苏格兰人很少得到文明世界的好处。他们继续和在爱尔兰的凯尔特亲戚们进行古老的商业交易，但是他们的需求很少，很少和世界上其他地区的人交往。古罗马的城墙已经不见了，但是，即使今天，苏格兰人仍然按自己的方式进行生活，而且，他们还形成了自己的文化。

苏格兰是一块非常贫瘠的土地，这种情况可能有助于他们保持自己的特性。他们国家的大部分地区是山区，早在人类出现以前，这些山脉和阿尔卑斯山一样高。侵蚀（风和雨）渐渐将它们磨蚀掉了，地质大变动完成剩下的工作。后来，冰川出现了，这种冰川就是覆盖斯堪的纳维亚半岛的冰川，山谷中积聚起来的那点土壤被冰川带走了。难怪苏格兰只有百分之十的人口能够在丘陵地带自立，其余百分之九十的人口聚集在一块狭窄的低地上，这块低地最多也就50英里宽，它从西部的克莱德河延伸到东部的福斯湾。在这个谷地，在两个火山形成的山脉间，有一条宽阔的断裂带，在这条断裂带上有两个苏格兰大城市：一个是爱丁堡，它是古都；另一个是格拉斯哥，它是现代化的钢铁、煤炭、造船和制造业的城市。这两座城市由一条运河连接起来。另一条运河从福斯湾通到马里湾，这条运河可以让小型船只从大西洋直接航行到北海而不必走詹格洛、奥克尼群岛以及设得兰群岛之间的凶险的水域，设得兰群岛是从爱尔兰到挪威北角的大陆的残余部分。

但是，在格拉斯哥所发现的那种繁荣不是让一个国家富裕的那种繁荣，普通的苏格兰农民花几天的工夫进行劳作，可以多获得一点食物以免饿死。但是，食物从来就没有足够到让他感到是真正活着的。这或许就使他在花他的那一点辛辛苦苦挣来的钱的时候有点过分"小心"。然而，这也教会他要完全依靠自己的努力、自己的智慧和勇气，而不去计较其他人说什么。

伊丽莎白女王死后将英格兰王位给了她的苏格兰远亲斯图亚特家族的詹姆斯，这一偶然的历史事件使苏格兰成为英格兰王国的一部分。从那以后，苏格兰人可以随意进入英格兰，只要什么时候那个岛屿对他们的野心来说显得太狭窄的话，那么他们就可以漫游越出帝国的范围。苏格兰人的节俭和智慧，以及他们的普遍缺乏情感，使他们最适合担当遥远地区行省的领导。

爱尔兰自由邦

现在讲一个不同的故事，它是人类命运中那些莫名其妙的悲剧之一，在这种人类的悲剧中，一个拥有无限智慧潜能的种族却有意放弃自己所背负的使命，将精力耗费在徒劳的、败局已定的事情上；而在附近的岛屿上，一个不共戴天的敌人却时刻处于戒备状态，他们决心毫不留情地侮辱和奴役那些

▲ 伊丽莎白女王

没有领会开明的利己主义是第一生存法则这个道理的国家。

谁应该受到谴责？我不知道，也没有人知道。是地质状况吗？很难说。爱尔兰也是史前时代的北极大陆的残留部分，如果在大陆中心重新调整时，它没有下陷到海岸的山岭以下很深的地方的话，那么它的情况会好很多。地势的下陷使整个国家成为一个汤盘的形状，如果不开挖大量实际上无法通航

的湾道的话，那么它的几条河流几乎不可能一路流向大海。

是受气候影响吗？不是的，因为它的气候和英格兰的气候没有什么大的不同，可能只是潮湿一点儿、雾多一点儿罢了。

是地理位置的原因吗？答案同样是否定的，因为自从美洲被发现之后，爱尔兰就成了所有欧洲国家中与新世界进行商业贸易最近最方便的地方。

那么是什么呢？恐怕这次又是无法预知的人为因素打破了所有的预言，将各种自然的优势变成了物质上的匮乏，将胜利变成失败，将勇气变成一种对令人沮丧的、不那么让人愉快的命运的闷闷不乐的接受。

情趣与此有关吗？我们都听说过爱尔兰人是多么喜欢他们的童话。每个爱尔兰人都会表演，每个爱尔兰农民的故事里都会提到侏儒、狼人、小妖精、矮怪人。说实话，在那些乏味的岁月里，我们对他们的那些小妖魔、小仙子以及他们所有的古怪的亲戚感到有点厌烦了。

你会说，又离题了。请问所有这些和地理学又有什么关系呢？和列举山脉、河流、城市以及至关重要的煤炭出口和毛制品进口的统计数据的地理学没有任何关系。但是，人不只有一个索取食物的胃，还有思想和想象的天赋。这个叫爱尔兰的国家在某些事情上不正常。当你从远处看其他国家的时候，你会心里想：有一块土地，它似乎是高的或者平的；褐色的或者黑色的或者绿色的；那里住着人，他们可能要吃饭喝水；他们都英俊或者丑陋，幸福或者痛苦；而且他们会活着，也会死去；并且被埋葬的时候有牧师的超度，也可能没有牧师的超度。

但是，爱尔兰就不同了。爱尔兰是一副冥间或者更确切点说是非尘世的情景：整个天空中都弥漫着一种孤独的氛围，这种孤独的氛围几乎可以触摸到。昨天还是正确的东西，现在却要面对四周狐疑的目光；仅仅几小时以前似乎还是简单的东西，突然变得复杂起来；在你的西边就是沉默的海洋的深

爱尔兰

渊，然而，它比你脚下的这块土地还容易了解一些。

爱尔兰人意识到他们有不幸的过去，他们因为这种可怕的命运而责怪每个人以及每件事，这种可怕的命运使他们屈从于外族统治的时间比其他任何国家都要长。然而，他们自身心理结构中一定有一种特性，即一种不太明显的领悟力的欠缺，这种领悟力的欠缺使得编年史上几乎是独一无二的情况不间断地存续下去。就我所知，这种缺陷可能就产生于这块他们随时准备为之而死但却很少准备为之而活的土地。

当英格兰的诺曼征服者们把他们新获得的房屋或多或少地整理一下之后，他们将贪婪的目光扫向爱尔兰海。爱尔兰海和北海一样，实际上是一个被淹没了的山谷，而不真正是海洋的一部分。情况有利于他们实施开发这个富饶的岛屿的雄心勃勃的计划。土著酋长们相互间在不断的纷争中，将整个岛屿统一成一个君主国的所有努力都失败了。对于征服者威廉那个时代的人们来说，爱尔兰是"正在发抖的故乡"。这个国家到处都是天真的牧师，他们渴望将基督教的恩泽带给全世界的异教徒，但是却没有路、没有桥、没有任何沟通的渠道。所有的这些小因素在使平凡的日常生活变得更惬意更和谐的过程中是极其重要的，但是这些小因素却被轻易地忽略了。由于这个岛屿的中央比边沿地区地势低得多，因此，岛的中央是一片沼泽，而且一直都是沼泽。因为沼泽有一个不好的特点，那就是那里的水不容易被排干，因此，当人的心灵中充满了诗意的时候，他会忘记洗手中的碟子。

英国和法国的统治者们都是有权势的君主，他们当时牢牢把握着统治世界的权力。要不是教皇英诺森三世急忙赶来援助他心爱的儿子约翰，宣布大宪章"无效"，并诅咒贵族们下地狱，那么谁敢强迫他们的国王签署如此可恶的文件呢？当一个处于交战中的爱尔兰酋长向亨利二世求援，对付他的那些占上风的敌手（我记不清当时他们有多少人了）时，罗马就有人在幕后操纵，而且教皇阿德里安四世非常高兴地签署了一纸羊皮文书，授予英王陛下对于爱尔兰的世袭统治权。于是，一支由200名骑士以及不足1000人的其他部队组成的诺曼人的军队占领了爱尔兰，并将封建制度强加在那里的人民头上。那里的人民当时仍崇尚朴素的道德，乐此不疲地推行氏族部落制度，而这种氏族部落制度在世界上其他地区早就已经废弃了。斗争就这样正式开始了，这场斗争至少持续到几年以前才结束。即使在今天，这场斗争也可能会成为新闻头条，其突发性和激烈程度犹如火山爆发一般。

爱尔兰的地形就像爱尔兰人的心灵一样，非常有利于暗杀行动和打伏击战，这种斗争形式将高尚的理想和背信弃义的卑鄙行为无可救药地混杂在一起，以至于看起来似乎除了彻底地消灭原始土著居民之外没有别的解决办法。唉！这些话不是没有道理的。有几次征服者试图采取大规模屠杀和驱逐出境的办法，接着便是没收他们在世间的所有财产交归国王和他的党羽所有。比如，在镇压1650年的叛乱之后，克伦威尔对爱尔兰人的所作所为仍然存留在许多在那场令人发指的罪行发生几个世纪之后出生的人的记忆里。在1650年时，爱尔兰人试图彻底永远地解决爱尔兰问题的结果，便是这个岛屿的人口减少到80万人，人口饿死的比例（人口存活的比例从来就不是很高）

上升到非常高的程度，以至于人们只要能够通过乞讨、借贷或者偷窃的方式凑够短途航行的钱，都会急匆匆地迁移到国外。其他人留下来了，他们怀着不满心理照看他们的墓地，以土豆为食，并希望土豆能维持他们的生计直到第一次世界大战这样的突发事件将他们最终解救出来。

从地理角度来说，爱尔兰一直是北欧的一部分。从精神上来说，爱尔兰直到最近都一直位于地中海中部的某个地方。即使是今天，当这个岛屿获得了主权地位，和加拿大、澳大利亚或者南非一样享有同样广泛的自治权利之后，它依然是一个分离的世界。这里的人们不是为祖国的统一而奋斗，而是将自己分成两个不同的、相互间敌对的派别。南半部的天主教地区的人口大约占全部人口的百分之七十五，他们享有"自由邦"的地位，将都柏林作为首都。北半部通常被称为"阿尔斯特"，由6个郡县组成，居民差不多是清一色的新教徒移民的后裔，他们仍然是英国的一部分，并继续直接派代表加入在伦敦的英国国会。

13 人和自然的促进与发展

亚历山大大帝发现了印度，这是发生在公元前300年时的事情。亚历山大虽然越过了锡克族人的故乡旁遮普地区，但是他所深入的地方并没有超出印度河太远，他从来就没有渗入到这个真正的印度人的国家的心脏地带。这些真正的印度人那时和现在一样都生活在宽阔的恒河河谷地区，恒河的北面是喜马拉雅山脉，南面是德干高原。要等18个世纪长的时间过去之后，欧洲人才首次得知了有关这块马可·波罗笔下神奇的土地的可靠信息，这种事情发生在葡萄牙的瓦斯科·达·迦马抵达马拉巴尔海岸的果阿时。

一旦欧洲至印度这个盛产香料、大象和黄金的寺庙之国的海上通道建立起来，地理学所需的信息就滚滚而来了，传送过来的信息量是如此之大，以至于阿姆斯特丹的地图制作师不得不加班加点地工作。从那之后，人们的足迹就遍及了这块富庶的半岛的每个角落。这就是这块土地的简要情况。

在西北部，印度与世界其他地区之间的联系被吉尔特尔山脉和苏莱曼山脉切断，苏莱曼山脉从阿拉伯海一直延伸到兴都库什山。在北部是喜马拉雅山形成的一个从兴都库什山到孟加拉湾的半环形包围圈，这个包围圈构成了印度与外界联系的障碍。

请记住，欧洲的地理面积与印度有关的每个地方相比，都

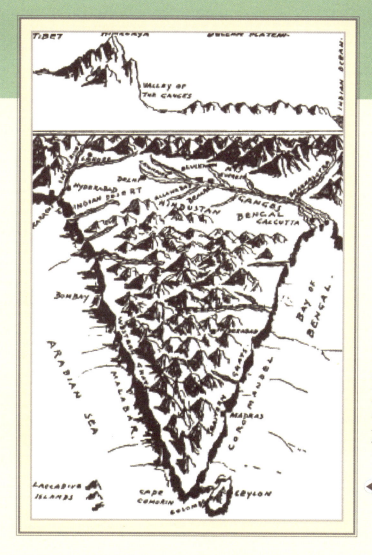

印度与世界其他地区之间的联系被吉尔特尔山脉和苏莱曼山脉切断，苏莱曼山脉从阿拉伯海一直延伸到兴都库什山。在北部是喜马拉雅山形成的一个从兴都库什山到孟加拉湾的半环形包围圈，这个包围圈构成了印度与外界联系的障碍。

显得相形见绌，而且看起来十分滑稽可笑。首先，如果不算俄国的面积，印度的大小与整个欧洲一样大。如果把喜马拉雅山脉算作欧洲的山脉的话，那么它就会从加莱一直延伸到黑海，喜马拉雅山脉有40座山峰的高度比欧洲最高峰还要高，山上冰川的平均长度是阿尔卑斯山的4倍。

印度是世界上最热的地区之一，同时，一些地区还创下了年均降雨量的世界纪录（每年1270厘米）。印度的人口超过3亿，他们说着150种不同的语言和地方方言。十分之九的印度人依靠种植庄稼来生活，当年降水量不足时，那么死于饥饿的人数会达到每年200万（我在这里给出的是1890—1900年这10年间的数据）。现在，英国政府已经控制住了瘟疫，平息了种族之间的内战，建设了大量的水利灌溉设施，普及了一些基本卫生常识（当然这些需要印度人自己付费），印度的人口数量增长如此之快，以至于很快他们就会像以前瘟疫、饥荒和大批婴儿死亡事件发生时一样贫穷，当时瘟疫、饥荒和大批婴儿死亡使贝拿勒斯的山路每天24小时都拥挤不堪。

印度大河的流向都与山脉平行。在西面，印度河的上游流经旁遮普全境，然后冲过北部的山区，这就为未来那些来自亚洲北部的征服者进入印度腹地提供了便捷的通道。印度人的圣河恒河，其走向几乎是一路自西向东流去，在流入孟加拉湾之前，恒河与布拉马普特拉河汇合。布拉马普特拉河也是发源于喜马拉雅山的群峰之中的河流，它开始向正东方向流动，直到遇到卡西丘陵，才被迫绕道后改为从东向西流，并很快与恒河合流。

恒河流域与布拉马普特拉流域是全印度人口最为稠密的地区。只有中国才有那么几个地方和这儿一样挤满了好几百万人，这些人一定会为了获得原本就很少的生活必需品而相互间争斗不已。在这两条大河潮湿且泥泞的三角洲的西岸是加尔各答城，它是印度主要的制造业中心。

恒河流域更通俗的名称是印度斯坦，或者叫真正印度人的土地。恒河流域的物产非常丰富，如果这整个地区不是无可救药地长期受人口过剩拖累的话，那么这里可能会是一个十分富裕的地方。首先，此地盛产稻米。印度人、日本人、爪哇人吃稻米并不是因为他们碰巧喜欢吃这种东西，而是因为每平方英里（以及每平方英尺和每平方英寸）面积所种植的稻米的产量，比迄今为止所引进的任何其他植物的产量都要高。

稻谷的培植既困难又肮脏。这样描述并不好听，但恰好又是唯一恰当地

恒河流域的物产非常丰富，此地盛产稻米。

描述水稻种植过程的字眼。稻米种植迫使上亿的男人和女人花大量的时间在泥巴和液体粪肥中忙来忙去。由于稻谷最初是播种在泥土中，当小小的秧苗长到约9英寸高时，就用手拔出来，然后移植到水田里，在庄稼收割时间到来之前，水田都要灌满水；到了收获的时候，就可以经过一种非常复杂的排水沟渠把那些令人恶心的泥浆排出稻田，最后进入恒河。恒河水是聚集在贝拿勒斯（今瓦拉纳西）的虔诚信徒的饮用水和洗澡水，贝拿勒斯就是印度人的罗马，同时也许是世界上最古老的城市。在此之前，这种腐败的液体已经取得了神圣的地位，以至于它可以洗清其他的清洗方式不可能有望清洗干净的罪恶。

恒河流域的另一种物产是黄麻。150年前，这种植物纤维第一次进入欧洲，可以作为棉花和亚麻的替代品。黄麻是一种植物的内皮，其生长差不多同水稻一样，需要耗费大量的水。先将这种植物的皮放在水中浸泡几周，然后才能抽取纤维，并将纤维送到加尔各答的工厂，加工成绳索和黄麻袋子，以及一种供当地人穿的较粗糙的衣料。

接着，恒河流域还有一种植物就是靛蓝，我们过去常常从这种植物中提取蓝色染料。不过，最近人们发现这种染料还可以从煤焦油中提炼，而且这比从植物中提取更加经济实惠。

最后，这里还有一种作物就是鸦片。种植鸦片的最初目的是给风湿病患者止痛，因为在这个国度里，大部分人为了他们每天都要吃的那点微薄的口粮，长时间浸泡在没膝深的烂泥里，得风湿病也就在所难免了。

在丘陵斜坡上的谷地的外面，茶叶种植园取代了古老的森林。由于生长这些小而珍贵的叶子的灌木需要湿热的气候条件，因此这些灌木在山坡上生长得最好，在山坡上，雨水不会伤害到柔嫩的根。

三角形的德干高原位于恒河河谷的南部，德干高原上有3种不同类型的植被。北部山区和西部山区是出产柚木的中心。柚木是一种非常耐用的木材，它不弯曲不收缩，对铁也没有腐蚀性。在铁制蒸汽船发明之前，柚木广泛应用于造船业，而如今仍然有广泛的用途。德干高原的内陆地区由于降水量太少，是另一个可怕的常常闹饥荒的地区，这里主要出产棉花以及很少量的小麦。

在德干高原的沿海地区，西边为马拉巴尔，东边为科罗曼德尔。这些地区降水充沛，盛产大米和小米，完全能养活得起这些地区的大量人口。小米就是我们进口作为小鸡饲料的那种粮食，但是这些地区的当地人宁愿吃这种食物而不愿意吃面包。

德干高原是印度唯一可以找到了煤、铁和金矿的地区。但是，这里的矿藏却从未得到过认真的开发，因为这儿的河流多急流和险滩，没有什么利用价值。至于铁路建设，本地人根本无法承担如此庞大的费用，而且，高原上的人没有什么有价值的东西可以拿出来进行交换。因此，他们世世代代都没有走出自己居住的小村庄。

锡兰岛位于科摩林角的东面，它实际上是印度半岛的一部分。保克海峡把它与德干高原分开，这个海峡布满各种暗礁，必须不断地给予疏浚，才能保持航行的畅通。然而，暗礁与浅滩在锡兰岛与大陆之间形成了一种天然桥，因此这些暗礁与浅滩被称为"亚当桥"。据传，由于亚当和夏娃违反上帝的旨意从而招致了上帝的愤怒，于是他们就沿着这条路从天堂逃跑了。根据这一地区人的说法，锡兰岛就是最初的天堂。和印度其他地区相比，它仍然是一个天堂。之所以这样说，是因为这里不仅气候温和、土地肥沃、雨量丰富（但是并不过剩）、气温适中，而且这儿还远离最邪恶的印度罪恶。佛教作为一种普通人难以把握的具有崇高精神价值的存在被印度人拒绝了，而这里的人们笃信佛教，从而就摆脱了严格的等级制度的枷锁，而直到最近等级制度都是印度宗教不可分割的一部分。

地理与宗教的关系比我们通常想象的要密切得多。在印度，一切事情都是按照最高的标准来进行的。千百年来，宗教在人们的思想观念中一直居于完全的、绝对的主导地位，以至于宗教成为印度人一切生活的组成部分。这些生活中的一切包括他们所说的、所思的、所做的、所吃的、所喝的，或者要小心翼翼地避免的所说的、所做的、所吃的或者所喝的东西。

在其他的国家也一样，宗教常常干预人们的正常生活。中国人为了表示对逝去的祖先的崇敬，常常把祖父祖母埋葬在山的南坡，而把寒冷的、遭风刮的北面山坡留给他们自己作为养家糊口的土地。的确，几乎每一个种族（包括我们自己也是一样的）都受困于一些奇怪的宗教禁忌或者具有神圣起源的神秘而古老的戒律，这些禁忌和戒律常常阻碍着整个国家的进步。

为了了解宗教对印度所产生的影响，我们有必要追溯到史前时代，至少回到比第一批希腊人来到爱琴海沿岸那个时候早3000年的时代。

那时，印度半岛上居住着一种黑色皮肤的达罗毗荼族人，他们有可能就是德干高原的原始居民。雅利安人（我们自己也起源于这一血统）为了寻找到更适宜的地方，离开他们在中亚的古老的家园。他们分成两支：一支向西迁移，并在欧洲定居下来，后来又漂洋过海，去了北美大陆；另一支则向南跋涉，穿过了兴都库什山脉和喜马拉雅山之间的山口，占据了印度河、恒河和布拉马普特拉河流域的地区，并从那里渗入德干高原，再沿着西高止山脉和阿拉伯海之间的沿海地带，最终到达印度南端和锡兰岛。

这些新移民与土著相比，所使用的武器更精良；他们对待土著人，就如同所有强大种族对待弱小民族一样。雅利安人嘲笑土著人是黑人，夺走了他们的稻田；在自己的女人不够分配时（穿越开伯尔山口的路途过于艰险，他们无法从中亚带走很多女人），还掠走了他们的女人；一旦发现土著人表现出一点反抗的迹象，就会将他们杀掉，并将幸存下来的土著人强行驱赶到半岛上最贫瘠的地区，让他们自生自灭。但是，达罗毗荼人在人数上比雅利安人多得多。结果，就出现了文明程度低的民族对文明程度高的民族不断地构成威胁的现象。而阻止这种局面继续发展的唯一的办法，就是把达罗毗荼黑人严格地限制在他们自己的聚居区之内。

现在的雅利安人，像我们种族中的所有人一样，倾向于把社会划分为许多差别明显的社会阶层或者等级。"等级制度"的观念世界著名，而且它在美国，甚至在启蒙运动时期都一直存在。从由于我们的社会偏见方面的不成文的规定所产生的对犹太人的歧视，到南方某些州的官方法律强迫黑人坐黑人车的条款，这些都是等级制度的观念在作祟。纽约被公认为是一个开放的城市，但是在我一生中，我都不知道带一个黑皮肤的朋友（黑人、印度人甚至是爪哇人）去哪里进餐，我不知道我们的火车通过为我们提供卧铺车厢或坐席车厢的方式支持了等级观念。对于美国的黑人等级制度，我不甚了解，但是我看到过足够多的德国籍犹太人之女与波兰籍犹太人血统的男人结婚时，德国籍犹太人家庭所感受到的那种耻辱的例子，这时我就能认识到存在我们所有人中的那种"与众不同"的感觉是多么普遍。

对我们来说，等级制度在社会和经济活动中从来就不是一成不变的，从一个阶层晋升到另一个阶层的大门尽管总是被小心地锁着，但是，我们都知道，只要使劲地推，或者拥有一个小小的金钥匙，或是在外面直接用力砸窗子以制造很大的响声，早晚都会被接纳进去的。然而，征服印度的雅利安人却把从一个阶层通向另一个阶层的大门封得死死的，从那时起，每个社会群体都被封闭在自己的小圈子里，一直到现在都不得不待在那里。

现在，这种制度的出现并不是偶然的，没有人会突然建立这种制度，仅仅是为了自娱自乐，或者让邻居感到愤慨。在印度，等级制度的出现，是人们恐惧的结果。牧师、军人、农民、做散工的人，这些都是雅利安征服者的原始阶层，他们当然在人数上永远也赶不上被他们夺去了国家的达罗毗荼人，他们一定要不顾一切地采取某种措施，去迫使那些黑人待在"其适当的位置"。但是，当他们这样做了之后，而且还采取了更进一步的做法，而这种做法是其他种族绝对不敢采取的。他们用宗教来扭曲他们人为建立起来的"等级制度"，宣称印度的婆罗门教只为3个上层阶级所独享，那些地位低下的同胞被排斥在真正神圣的世界之外独自生活。因此，为了让他们自己不被所有那些出身低贱的人所玷污，每一个等级都用一套繁复的仪式和宗教的习俗作为屏障将自己包裹起来。最终，只有当地人才能够识破这种毫无意义的"禁忌"的迷局。

如果你想知道，这种制度在实际的日常生活中是如何发挥作用的，那么不妨设想一下：如果在过去的3000年时间中，人们不允许在地位上超过其父亲、祖父或者曾祖父，那么，我们的文明将会是什么样子？个人的首创精神将会遭遇到什么样的结果？

多种迹象表明，印度正处于社会和精神大觉醒的前夕，但是，直至最近，这样的变化被有意地阻止了。阻

▲ 印度的人口太多了

止这种变化的人就是那些统治印度社会各阶层的人，是婆罗门阶层。婆罗门

是那些世袭的最高阶层中的成员以及僧侣，这些人是一种宗教信仰的无可怀疑的领导者，他们所领导的宗教有一个含糊不清的名称——婆罗门教。这种宗教是围绕着婆罗门这种人格而建立起来的，婆罗门可以被称为"宙斯"或者印度的奥林匹斯山上的"朱庇特"。宙斯和朱庇特使天地万物得以提升的超凡的精神，是万事万物的开始和结束。但是，婆罗门作为一个代表一切的概念，对普通百姓而言其含义太过于模糊，太不具体了。因此，尽管在一般情况下婆罗门教仍然像一个因尽职尽责地创造了这个世界而受人尊敬的老人那样受到顶礼膜拜，然而，我们星球的实际管理工作却被认为是交给了婆罗门的一些代理人，这些代理人是一些神和魔鬼，他们虽然没有婆罗门那样显赫的社会地位，但是，不管怎么说，他们也是至高无上的神的亲戚，因而也同样要受到最大限度的尊重。

就这样，门大敞四开，各种稀奇古怪、超自然的生物被引进来，像湿婆、毗湿奴，以及一大群的妖精、幽灵、食尸鬼。他们还把恐怖的元素引入了婆罗门教。人们之所以努力向善，不是因为向善本身是一个人所应该努力争取的东西，而是因为那是一个人有望摆脱各种邪恶的魔鬼惩罚的唯一途径。

佛陀是出生在公元前6世纪的伟大改革家。他知道，如果把婆罗门教变得更纯洁一些，那将是一个非常高尚的事情。于是，他就试图把他那个时代流行的信条变成从前的那种精神力量。虽然最初他取得了成功，但是，他们的观点被证明太不实际、太高尚、太严肃，而不适合他的大部分同胞。随着第一股热情的逐渐消失，旧的婆罗门又卷土重来。在最近的50年里，印度的领导人才开始认识到，一种完全建立（就街道上的人而言）在虔诚的礼仪和空洞的仪式基础之上的宗教最终必定会消亡，就像一个空心的树，当它不再能够从现存的土壤中吸取养料的话，那么它就必定要死亡。而印度教不再像前几代人的时候那样死气沉沉，成为可怕的精神折磨。古老庙宇的门窗都被完全打开，印度的年轻男女意识到，如果他们继续四分五裂而不能够团结起来共同抗击外国统治者的话，那么他们就会遭到灭顶之灾。恒河沿岸正在发生着非同寻常的事情，而当非同寻常的事情发生在3500万个人中间时，就会在世界历史上谱写崭新的篇章。

虽然印度有几个大城市，但是它基本上还是一个由村庄构成的国家，因为百分之七十一的人口仍然生活在农村，其余的人分布在你可以叫得出名字的几个城市里面，如位于恒河和布拉马普特拉河河口的加尔各答。最初，加尔各答只是一个无足轻重的渔村，但到了18世纪，它就成为克莱武反法运动的中心，并发展成为全印度的主要港口。苏伊士运河开通以后，它的作用就不如以前那样重要了，因为，如果有货物要运到印度河地区或旁遮普时，汽船直接到孟买或卡拉奇，比到加尔各答更方便。建在一座小岛上的城市孟买，也是东印度公司的杰作。最初，东印度公司是打算把孟买建成一个海军基地和出口德干高原所产棉花的港口。孟买非常适合于这种用途，所以吸引了亚洲各地的移民来此定居，并成为波斯人的先知——琐罗亚斯德的最后一批追随者的家园。这些印度的拜火教徒属于当地人中间的最富裕最智慧的群体，他们把火当成不能亵渎的神圣的东西来加以崇拜，他们这种对火的崇拜使他们不可能将自己的尸体火化。因此，非常可悲的是，孟买作为一个城市所吸引人们眼球的是，在这里印度拜火教徒的尸体都被扔给秃鹰吃掉，这是一种毁灭的方式，其毁灭的速度之快，似乎比慢慢地被普通的虫子吃掉的方式更可取。

德干半岛的东岸是马德拉斯，它是科罗曼德尔海岸的主要港口城市。往南一点是法国城市本地治里，它使人们想到，法国人曾经是英国人最强劲的对手，迪普莱克斯和克莱武为了争夺对整个印度的控制权而进行战争，那场战争导致了加尔各答黑洞那样的恐怖事件。

但是，很自然，印度大多数重要城市都是在恒河流域。西部的首要城市是德里，它曾是过去莫卧儿皇帝的住地，皇帝们之所以选择此地做住地，是因为这里完全控制着从中亚进入恒河流域的入口。这样，他们控制了德里，就可以成为整个印度的主人。沿河再往下就是阿拉哈巴德，正如其名字一样，它也是穆斯林的一个圣城。在这附近地区还有勒克瑙和坎普尔，这两座城市因为1857年的叛乱而出名。再往南走是亚格拉，莫卧儿王朝曾有4个国王在此定居，其中的一个国王修建了泰姬陵，以纪念他心爱的女人。

沿恒河继续南下就来到了贝拿勒斯，这儿是全体善良的印度人的罗马和麦加，他们不仅在这儿河流的圣水中洗浴，而且还希望自己死后可以葬在河流沿岸的山上，并把自己的骨灰也撒在他们所向往的河水中。

泰姬陵是莫卧儿王朝的一个国王为纪念他心爱的女人而修建的。

但是，我最好就此停笔。无论你是一位历史学家、化学家、地理学家、工程师，还是一个普通的游客，也不管你什么时候接触到与印度有关的话题，你都会感到自己置身于深奥的道德与精神问题的中心，而我们西方人在进入这个迷宫时，应该谨慎小心，因为我们既是陌生人，也是新来者。

2000年以前，当尼西亚和君士坦丁堡的圣人学术委员会试图制定出后来要征服西方世界的信条时，我正在用娴熟的笔法来描写这些人的祖先已经确立的晦涩的教条和信仰的各个要点，这些教条和信仰至今还影响着我的邻居们的思想，而且在今后十几个世纪左右的时间里可能会继续影响他们。对于我们感到奇怪的事物进行谴责是容易的，而且是非常容易的，对于我所知道的关于印度的大部分知识，我自己也感到奇怪，而且它使我产生一种不舒服的感觉，一种愤怒不安的困惑之感。

然后，我记得我过去对我的祖父和祖母也有这样的感觉。

现在，我终于开始认识到他们是正确的，或者至少，即使他们不是完全正确的话，那么也不至于总像我过去常常认为的那样完全错误。这是一个惨痛的教训，但是，它告诉我要谦卑一点。只有上帝知道，我需要它。

14 由500多个岛屿组成的岛国

日本是一个由500多个岛屿组成的国家，这些岛屿呈半圆形，其距离相当于从欧洲的北角到非洲的撒哈拉沙漠中部。

这些岛屿大小不等，其总面积与英格兰、苏格兰和曼哈顿面积之和相差无几，其中有518个岛屿上居住了6000万人。根据最近的统计资料，加上2000万朝鲜人和一些波利尼西亚岛上的居民，日本总人口已接近9000万。然而，为了实用起见，只要知道本州、北海道、四国和九州这几个岛屿的名字就够了。本州岛是日本中部的主要岛屿，位于日本北部的北海道是第二大岛，四国和九州是紧邻本州南部的两个大岛。首都东京有200万居民，位于本州中部肥沃的平原上。东京的港口是横滨。

日本第二大的城市是大阪，它位于本州岛的南部，是日本重要的纺织工业中心。京都（京都只不过是东京倒过来念而已）位于大阪的北面，是日本帝国的古都。其他城市的名字，你也可能会在报纸上偶尔能够看到，比如大阪的港口神户，还有长崎，它在九州南部的岛屿上，是来自欧洲的船只出入最方便的港口。

江户只是幕府时代东京府的旧称，当时这里是幕府将军的住处。当幕府将军在1866年失去权力后，天皇就从京都移居江户，并改名为东京。从此东京进入了一个高速发展时代，最终成为现代世界中最大的城市之一。

　　然而，所有这些城市都面临着随时被摧毁的危险。日本列岛位于亚洲大山脉（正如使英国成为一个岛屿的北海一样，日本海、比较浅的黄海以及东海形成的时间都不长）的外部边缘，它们是火山山岭的一部分，这个火山山岭从库页岛一直延伸到荷属东印度群岛的爪哇岛，而且这个火山带几乎一直在频繁活动着。地震仪观察数据显示，日本从1885到1903年总共发生27485次地震，平均每年1447次，或者每天4次。当然，大多数地震都是无足轻重的，只不过茶杯轻轻地晃动一下，椅子碰到墙上发出咔咔的响声而已。但如果你了解到，京都这个古都在过去的1000多年中发生过1318次地震，你就会明白这个岛国处于什么样的险境中了。在这1318次地震中，194次被列为"强烈地震"，34次是完全"毁灭性"的。1923年9月的那次大地震（关东大地震，震级为里氏8.1级），将东京的部分地区几乎完全夷为了平地，将近15万人遇难，使某些小岛露出水面几英尺，而使其他的小岛沉入大海中。由于这些事情就是最近发生的，因此我们大家都还记忆犹新。

　　人们常常把地震和火山活动联系在一起。一些地震无疑是由火山爆发引起的，但是，大多数地震是由于我们所生活的土壤下面的那些岩石层的突然滑动所引起的。如果这些岩石层只移动二三英尺的话，那么其所引起的骚动也只是弄倒几棵树或灌木而已，而如果岩石层的移动正好发生在合适的地方（用不合适的地方这种表述可能会好一点），就可能发生像1775年的里斯本地震或者1920年的广州地震那样的大灾难。1775年的里斯本地震导致了6万人遇难，1920年的广东地震，遇难者可能高达20万。据最权威的地震专家的保守估计，在过去4000年的所谓的人类"历史时期"里，地震已经夺走了1300万人的性命，这是一个十分巨大的数字。

当然，几乎任何地方都有可能发生地震。就在一年前，北海海底就因地震而强烈晃动，而且还使位于斯凯尔特河和莱茵河河口处岛屿的淤泥滩颤抖不已，这引起了泥滩上挖泥工的一阵恐慌。但是，北海地区非常平坦，而另一方面，日本列岛则处在山脊顶部，而山脊的东部向下延伸，一直延伸到迄今为止我们的科学家在海底所发现的一个最深洞穴处。著名的塔斯卡罗拉海沟深度超过2.8万英尺，只比菲律宾群岛和马里亚纳群岛之间的最深处（即马里亚纳海沟）浅6000英尺。日本有一半以上的灾难性地震都发生在海岸垂直落差约6英里的东部沿海地区，这就不是偶然现象了。

然而，如同大部分生活在地震带上的人一样，日本人并未因这个永久存在的安全威胁而夜不能寐。他们像我们其他人一样，照常耕耘，和孩子们玩耍，照常吃饭，看到查理·卓别林的表演会哈哈大笑。他们从多年的教训中得出一条经验，就是用薄纸板建房子，这在冬天虽然会带来穿堂风，但当房子突然倒塌时，危险性就降至最低。当然，日本人也模仿西方，盖起摩天大楼，就像东京的摩天大楼那样，如果发生大地震，那么损失就会达到数以亿计了。从总体而言，日本人在适应这些不可避免的地质缺陷方面，比其他任何国家都做得更出色一些。一般来说，正如他们把生活安排得比大多数西方国家更协调也更具惬意的冒险性一样。我这里所说的意思，并不是指漂亮的明信片上印着在樱桃树下喝茶的小艺伎，也不是指蝴蝶夫人的玩具花园，我这里只是重复了游客们告诉我们的一切，这些游客访问日本时，日本还没有放弃祖传的风俗、习惯和礼仪（他们的礼仪似乎特别高雅），并且试图将它的列岛变成芝加哥和威尔克斯—巴里的郊区。从旧日本到新日本的转变令人难以置信，这种转变对于我们自己的安全和幸福，将会产生决定性的影响，而且这种影响会越来越大。因此，不管我们是不是喜欢日本人，我们至少应该对日本人有所了解，只要太平洋不干涸，日本人就还是美国的邻居。

日本的历史远不如中国的历史悠久。中国的历法可以追溯到公元前2637年（大约是奇阿普斯建造小金字塔的时代），而日本最古老的编年史也只能追溯到公元400年。从严格意义上来说，日本最初的文明事实上是中华文明的延伸，日本人所知道的东西大部分都是从中国学来的。

当日本效仿中国并皈依佛教后，它和中国的关系也就更为亲密了。但是，当一种新教义取代一种旧教义，新教义不可避免地多多少少地都会受旧教义的影响。这是所有传教士都必须懂得的道理，不论他们传播的是基督教、伊斯兰教还是佛教。

第一位中国佛教传教士进入日本是在公元6世纪。他发现日本正在发展一种产生于本土的宗教体系，可以说是一种很适合日本人需要的宗教体系。这种本土宗教来源于"神道"一词，叫作神道教，它似乎相当于我们的词语：通向神的路径。相较于亚洲其他地区流行的鬼神崇拜，神道教高雅得多。它认为世界是一种不灭的力量，并提出，我们要充分利用这种力量，因为不管其结果多么渺小，却都是永恒存在的。目前日本官方的教义是佛教和神道教的混合体，它非常强调个人对整个社会的责任。像英国人一样，日本人实质上也是一个岛国的国民（没有必要做一个与世隔绝的人），他们具有一种非常真挚又根深蒂固的信念：每个人对祖国都肩负一种非常明确的责任。

日本列岛处在山脊顶部，而山脊的东部向下延伸，一直延伸到迄今为止我们的科学家在海底所发现的一个最深洞穴处。著名的塔斯卡罗拉海沟深度超过2.8万英尺，只比菲律宾群岛和马里亚纳群岛之间的最深处（即马里亚纳海沟）浅6000英尺。日本有一半以上的灾难性地震都发生在海岸垂直落差约6英里的东部沿海地区。

然而，直到很晚以前，日本同中华文明之间从未出现过巨大的裂痕。到16世纪后半期时，日本各个独立的小公国之间纷争不息，他们漠视他们的天皇，就像神圣罗马帝国的骑士对皇帝不尊重那样，最后，政府被一个强势人物控制了。

800年前，在遥远的欧洲，古法兰克国王们的总管或者家庭管家把自己的主人们送进了寺院，自己去行使国家统治权。由于这些总管们比被他们所取代的主人更精于治国之道，所以没有人反对。日本人忍受了将近400年的内战，只要能获得和平，他们并不关心谁来统治他们。因此，当帝国宫廷的最高长官即有钱有势的德川家族的首领成为这个国家的独裁者时，日本没有人反对，也没有人站出来捍卫世袭的统治者。这位日本大总管把天皇推上了一种地球上的神的位置，使天皇成为所有日本人的精神之父，但是这个精神上的完人是如此遥远，他的真面目必须永远不让他的臣民们看到。

这种局面几乎持续了差不多整整200年。居住在东京的幕府将军（这就是对那些独裁者的称呼，它的意思和我们的"最高总司令"差不多）统治着国家，而天皇们则只能在京都冷清的宫殿里的华丽的屏风后面，悠闲地打发时光。日本就是在幕府统治时期建立了严格的封建制度，这种封建制度将深深地影响日本人的性格，以至于时至今日，在经过了差不多80年的工业化道路之后，日本人在内心里仍然是封建主义者，而且他们思考生活中的问题的角度与欧美竞争者完全不同。日本在完善这种新制度的细节上花了一些时间，但是，在1600年以后，日本社会被明确地划分为3个不同的阶层：最高层由大名组成，他们是封建贵族成员，是大地主；第二层由武士阶层构成，他们是世袭的战士，相当于欧洲中世纪的骑士；所有其他的人都属于第三等级，被称为平民或者普通人。

这并不是一个理想的制度，但是历史令人信服地告诉我们，人民对于任何政府理论都不感兴趣。所有普通的老百姓所要问的问题是："这个政府行吗？它能带给我安宁与和平吗？能保证我通过自己辛勤的劳动和汗水所获取的果实真正都属于我自己，在没有正当法律程序的情况下，没有人能从我手中抢走吗？"

在200多年里，这个制度运转良好。幕府将军被看成是国家的政治领袖，日本天皇被敬奉为国家的精神领袖。大名和武士被迫坚守一条非常严格的法规，这就是"地位高则责任重"，他们必须不辜负希望，不然的话，就要被很客气地要求按照最庄严的切腹自尽的仪式自杀。

在那个时候，日本就已经有点过分拥挤了，人们常常只能勉强度日，但他们在志趣方面总是非常节制和朴素，没有太多的要求。大自然表现得像一个忠实的朋友。黑潮（意思是蓝色咸水潮流，是墨西哥湾流的第二个远亲）发源于荷属东印度群岛北部的赤道地区，然而流经菲律宾群岛，又穿过太平洋，然后把福祉带到美国西海岸，正是这股暖流，使得日本气候均衡。同时，还有一个狭窄的冷水带也从离日本东海岸不远的地方流过，这使得日本的气候不能像加利福尼亚那样暖和。因此，在一个叫门德斯·平托的葡萄牙航海家，因为迷失了方向而登上了日本群岛，并改变了整个日本历史的未来的发展轨迹之后，一切都似乎有利于这些有福气的群岛的正常与合理的发展了。对葡萄牙人而言，他们不仅拜访了那些遥远的国度，并和他们做生意，而且把他们自己的宗教体系中的文明的福祉也带到了这些国家。

如果所有的编年史都同意这种说法的话，那么，起初基督教传教士将总部设在印度果阿和中国广州附近的澳门，他们在日本得到了很好的礼遇，并被给予了各种机会去宣扬基督教义中比长期在日本处于统治地位的日本宗教的优越之处。葡萄牙传教士到处布道，吸收了许多信徒。后来，又有另外一群传教士，他们从属于另一个不同的宗教修道会，他们来自附近的菲律宾群岛，菲律宾群岛当时属于西班牙。他们同样也受到了欢迎，但是，他们的存在让幕府将军感觉不安，因为他发现（为什么当地的贵族却都没有发现这个问题呢？）伴随这些神圣的人而来的还有些不太神圣的人，这些人身着铁甲，手持奇形怪状的能射出沉重铅弹的铁棍，能同时穿透3名普通的日本士兵。

直至最近半个世纪我们才开始理解，日本人对当时所发生的那些令人痛苦的事件的看法，因为那些事情，日本人背上了冷酷无情的名声，这和我们从其他方面获得的资料完全不同。幕府将军当时决定禁止基督教传教士在日本的活动，不是由于他突然开始讨厌西方人了，而是出于害怕，他们害怕整个国家被宗教冲突弄得四分五裂，害怕日本人的财富被那些既是船长又是商人的家伙夺走，这些人把和平和善意的使者带到日本沿岸，后来又带着未付款的日本货物离去，这些货物是要求用货物来返还的。

基督教在日本影响最大的地方是九州岛，这里是离葡萄牙在中国的殖民

地最近的地方。起初，教
父们只是谦卑地宣扬耶稣
基督。可后来，一旦得
势，就拆毁了日本人的庙
宇，破坏掉他们的偶像，
用枪支逼迫成千上万的农
民和贵族去接受十字架。

丰臣秀吉是当时日
本的强势人物，他知道了
所有的情况后，就意识到
了不可避免的结果。因此
他声明："这些传教士打
着弘扬德行的旗号，但是
他们的德行只是一个掩盖
他们对我们的帝国险恶居
心的工具。"

1587年7月25日，也
就是首位日本使节拜访了
教皇，以及西班牙和葡萄

日本长期处于一种与世隔绝的状态，几乎是如此，但又
没有完全与世界隔离，还对外留着一小扇窗户，大量的日本
黄金通过这个小窗户流到西方，至少还有一点点西方的科学
也渗透到了这个国家的内部。

牙国王之后的第五年，日本驱逐了其领土上的所有基督教传教士。商人们被
允许仍然可以在日本经商，但要置于政府的监督之下。葡萄牙传教士刚走，
他们的空缺就被来自附近的菲律宾的西班牙的圣方济会修道士和多明我会修
道士所填补。他们假扮成来日本觐见丰臣秀吉的特使，但被识破。不过，他
们除了受到警告不要再布道之外，仍然受到了礼遇。他们违背了这个命令，
他们还在江户和大阪各建起了一座教堂。随后，他们又在长崎占据了一座原

属耶稣会的教堂。接着，他们又开始公开反对他们的对手耶稣会，并指责耶稣会在给日本人传播福音时所采用的方法是在过分取悦日本人。简言之，他们做出了完全错误的判断，还发现了专门隐藏传教者的仓库。最后，丰臣秀吉命令，把他们都驱逐出境，但是他们走得快，来得更快。对于这些不受欢迎的西班牙的托钵修会修士，日本人迄今为止表现出了极大的耐心和容忍，在经过多年无效的警告后，他们开始明白，拯救他们自己的办法只有一个，那就是采取最激烈的措施。

在过去的400年中，内战曾给他们的国家带来了极大的灾难，为了不让内战重演，他们主动地关上了国门，以防止外国的进一步入侵，而那些无视禁令的基督教传教士，则被处死。

在接下来的近一个半世纪的时间里，日本仍处于一种与世隔绝的状态，几乎是如此，但又没有完全与世界隔离，还对外留着一小扇窗户，大量的日本黄金通过这个小窗户流到西方，至少还有一点点西方的科学也渗透到了这个奇怪的国家的内部。荷属东印度公司和葡萄牙人争夺日本的商业特许权。但荷兰人只做生意，他们纯粹且简单，对其他国家人们的灵魂不感兴趣，英国人也是一样。在很长的一段时期内，这两个国家哪一个会胜出，一时还难以确定。但是，由于这时英国人经营不善，就丧失了在日本的市场。

日本人把最后一批葡萄牙派到日本的外交使团的成员处死之后（这其实是不可饶恕的官方谋杀），荷兰人也被取消了他们以前所拥有的许多特权。但是，只要荷兰在日本的企业每年能够获得差不多百分之八十的红利，那么，荷兰人就会坚持下去。他们被迫居住在一个叫出岛的小岛上。该岛是一块长300码、宽80码的方形石头，它位于长崎港内，这块石头非常小，以至于他们带来做伴的狗都不能奔跑。他们不允许携带妻子来，而且永远也不允许踏上大陆的土地。

这一次，荷兰人在这儿修炼出天使一样的耐心（这不是这个民族的一个特点），他们必须遵守日本当局所制定的数百条法规，只要稍加违背，必然招致报复。有一天，东印度公司决定新建一座货仓。根据当时的习惯，建筑日期要刻在货仓的正面，而且通常要在日期前面加上"A．D．"即"公元"的字样。但是这个符号涉及了基督徒的上帝，此时的日本人看待基督徒的上帝，就像我们自己看待刚从莫斯科来的布尔什维克鼓动家一样。幕府将军下令不仅去掉那些讨厌的字母，而且还要拆毁整个货仓，将这里夷为平地，以提醒荷兰人记住那可怕的驱逐葡萄牙人的法令，该法令的结尾是这样写的：

"只要太阳照耀着大地，就决不让基督教胆大妄为地踏上日本岛，要让所有的人都知道，即使是菲利普国王本人，甚至是基督徒的上帝，只要违反了这个戒令，都得用他们的头颅来抵罪。"

看样子，荷属东印度公司的官员们彻底记住了这个教训，因为在长达217年的时间里，荷兰人一直都控制着出岛。在这217年里，日本人的黄金和白银大量外流，因为，荷兰人是现金交易者，不管日本人从国外定购什么，都必须是货到付款。

通过这个渠道，欧洲人也偶尔从这些太平洋隐士们的口中得到一点与日本有关的消息。通过这些消息所得出的一致性结论就是，日本帝国的情况远不尽如人意，日本正在迅速变成一种学说的实物教学例子，这种学说认为，没有一个国家能够完全自给自足。而且，最后，日本的年轻人也越来越难以控制，他们隐约地知道了一些关于西欧神奇的科学的知识，并开始通过出岛去接触科学和医学方面的著作。他们拼出那些形状奇怪的荷兰文字，并知道了整个世界以惊人的速度在发展，而日本仍然停滞不前。

后来，在1847年，荷兰国王将一满箱科学书籍作为礼物送到江户的日本皇宫，还附上了一份世界地图，这是为了警告日本人不能再愚蠢地闭关自守了。此时，中国、欧洲和美国的商业联系不断加强。从旧金山开往广州的船只，在日本沿海不幸失事，由于没有领事或外交保护，船员境遇很糟糕。1849年，一艘美国军舰舰长要求日本人立即交出18位美国水手，否则他们就把长崎炸毁。荷兰国王再一次警告日本人，叫他们不要再冒险去推行孤立政策了，否则，带来的只有灾难。从海牙发出的这些信件，只不过表明了全世界很久以前就知道的事情。日本的大门迟早有一天会向西方商界开放的，如果和平的方式被拒绝的话，那么就只能使用武力了。俄国正在朝阿拉斯加海岸一步一步地推进，它正在制订计划扩大它对西太平洋地区的控制权。只有美国的行动不会被怀疑有领土野心。1853年，海军准将佩里率领4艘美国军舰和560名船员驶入浦贺湾。美国海军的首次访问，让日本上下产生了前所未有的恐慌，天皇也公开进行了祈祷，乞求上天的帮助。佩里一走（他在日本仅停留了10天，把美国总统的一封信交给了日本天皇），他们就请荷兰人帮忙武装了一艘军舰，各要塞也派人把守，先前的葡萄牙火炮也被架起来，所有的一切都准备好，以等待那些从东边来的由蒸汽驱动的怪物的再次来

古代日本　　　　　　　　　　　　　　　现代日本

古代日本与现代日本

访。

就对外开放还是继续隔绝的问题，日本人分成了两派。大部分人赞成不惜一切代价继续隔绝，但是，也有一部分人主张对外开放政策。幕府将军属于后者，但这也使他处于失势的状态，还被斥责为"外国人的朋友"。然而，最后天皇却是从那次曾经名噪一时的海军司令佩里访问中获益颇多的人。

幕府将军作为封建政府绝对的无可争议的首脑，早已昏庸无能。那些大名和武士也一样，他们仍然坚持佩带刀剑，好像他们还生活在1653年，而不是生活在1853年，实际上他们仍把镇压内乱作为自己光荣的使命。全面变革的时代已经来临了。

碰巧的是，当时名义上的国家首脑——日本天皇（明治天皇），也是一位能力超群、充满智慧的年轻人。他成功地劝说幕府将军辞职，并重新掌握了国家的统治权。他听从劝说，承认如果国家再自我封闭下去，就意味着自杀，现在他热情地欢迎那些曾经被驱逐的外国人回到日本。他开创了明治时代，或者说日本的启蒙时代，正是这个时代，把日本从16世纪的封建国家变成了一个现代工业国。

如果有人去问，这样大规模的、完全的情感改变是否是一件好的且值得的事情呢？这就是一个毫无意义的问题了。我不知道，工厂、庞大的陆军和海军、煤矿和钢铁铸造厂是否可能造福人类。有些人说是，又有些人说否，这往往在很大程度上取决于一个人看事情的角度。我个人认为，这样的发展是完全无法避免的。就其本身来看，事情并无绝对的好，也无绝对的坏。因为那是一个必要的过程，通过这个过程，我们才能有望把自己从对饥饿的担忧和对经济不稳定的恐惧中解脱出来。在这场变革中，机器同时扮演了父亲和母亲的角色。同样的，许多美好而愉悦的事物也随之被毁掉了，这是任何人都不敢否认的。与拥有日本标准汽油厂和东京煤气厂的日本相比，北斋和歌麿所描绘的日本就要有趣多了。不过，北斋和歌麿早已去世，而东京的家庭主妇们更爱用煤气烧饭，而不是用炭火慢慢煮饭。这就是答案。

神圣的富士山终年白雪皑皑，这座火山自1707年以来就一言不发，因为它现在蔑视那些香烟广告牌，放广告牌的地方以前是小孩子向路边的神道庙敬献鲜花的那个地方。寺庙庭院里的神鹿的腿，被参加野餐会的粗心的游客所扔的罐头盒砸坏了。

但是，富士山知道——总有一天，这一切也会结束的。